UNIDADE

Os princípios comuns
a todas as religiões

JEFFREY MOSES

UNIDADE

Os princípios comuns a todas as religiões

SEXTANTE

Título original: *Oneness*

Publicado em acordo com a Ballantine Books, um selo do
Random House Publishing Group, uma divisão da Random House, Inc.

tradução
Henrique Monteiro

preparo de originais
Regina da Veiga Pereira

cotejo da tradução
Cynthia Azevedo

revisão
Cristhiane Ruiz
Sheila Til
Tereza da Rocha

projeto gráfico e diagramação
Valéria Teixeira

capa
Miriam Lerner

pré-impressão
ô de casa

impressão e acabamento
Congregação do Santíssimo Redentor - Editora Santuário

CIP-BRASIL. CATALOGAÇÃO-NA-FONTE
SINDICATO NACIONAL DOS EDITORES DE LIVROS, RJ

M868u Moses, Jeffrey
Unidade: Os princípios comuns a todas as religiões / Jeffrey Moses; tradução de Henrique Monteiro. – Rio de Janeiro: Sextante, 2009.

Tradução de: Oneness
Inclui bibliografia
ISBN 978-85-7542-453-7

1. Religiões – Relações. I. Título. II. Título: Os princípios comuns a todas as religiões.

CDD 201.5
08-5573 CDU 2-67

GMT Editores Ltda.
Rua Voluntários da Pátria, 45 – Gr. 1.404 – Botafogo
22270-000 – Rio de Janeiro – RJ
Tel.: (21) 2286-9944 – Fax: (21) 2286-9244
E-mail: atendimento@esextante.com.br
www.sextante.com.br

À minha mulher, Ruth, que, com amor, devoção e paciência, além da constante assistência às pesquisas e à edição, ajudou a trazer este livro à luz.

Em memória de Madre Teresa, por suas bondosas palavras, sua inspiração e suas orações enquanto eu escrevia este livro.

À Sua Santidade, o Dalai-Lama, pelo estímulo e pela gentileza de escrever a Introdução.

À Sua Santidade, Maharishi Mahesh Yogi, que é a corporificação da sabedoria védica.

À Dra. Anita Figueredo, que me apresentou a Madre Teresa.

Ao meu pai e à minha mãe, Robert e Barbara; aos meus irmãos e à minha irmã, Brad, Julie, Marc e Mathew, que sempre manifestaram apreço por mim.

E a Gina Centrello, Anthony Ziccardi, Maureen O'Neal, Patricia Peters, Stacy Berenbaum, Tracy Bernstein, Elizabeth Zack, Joelle Delbourgo, Ed Walters e todos aqueles que apoiaram a publicação de Unidade.

Sumário

Unidade

Ao longo dos séculos, os livros sagrados de todas as religiões proclamaram que a humanidade é uma grande família. Essa é uma verdade simples dita de maneira clara. Na verdade, quase todos os princípios associados ao pensamento religioso são compartilhados por todas as religiões. "A Regra de Ouro", "Ama o teu próximo", "Honra teu pai e tua mãe", "Fala a verdade", "É melhor dar do que receber" são princípios comuns a todas as religiões, e expressos de maneira muito semelhante em cada uma.

Essas semelhanças entre as religiões evidenciam, com a sabedoria contida nelas, uma profunda "Unidade" do espírito humano. Quando colocamos lado a lado as crenças fundamentais comuns a todas as religiões, descobrimos que nossas diferenças são superficiais e nossas semelhanças, profundas. Esses princípios eternos têm a admirável propriedade de inspirar a unidade. As diferenças desaparecem e a alma pergunta a si mesma: por que temos tantos conflitos?

Esses livros de sabedoria espiritual nos trazem ainda uma preciosa contribuição. Quando os temas mais fundamentais das religiões são reunidos e comparados diretamente, como acontece neste livro, eles se tornam uma espécie de guia para o crescimento interior. Estabelecem uma base sólida, não só para o convívio pacífico das nações, mas para que as pessoas estruturem suas vidas de modo a alcançar o sucesso, a felicidade e a realização espiritual que as fazem completas.

Este livro é resultado de uma pesquisa que se prolongou por muitos anos. Existem inúmeros livros sagrados das diversas religiões do mundo, cada um deles com uma variedade de traduções, a maioria em linguagem arcaica e complexa. Apesar disso, à medida que leio os livros sagrados, os princípios universalmente conhecidos saltam à vista. Cada um deles, quando descoberto, é como uma pepita de ouro que parece ter esperado séculos para ser achada e comparada às expressões semelhantes em outras religiões.

Depois de vários anos de pesquisa, em 1981 consegui reunir citações ligadas a cerca de 20 princípios importantes e amplamente conhecidos. Naquela época, não era comum comparar detalhadamente as semelhanças entre os textos religiosos. Concluí, então, que precisava comprovar que a minha pesquisa era significativa – e que estimularia a concórdia, em vez de gerar controvérsias.

Naquele momento, Madre Teresa, que tinha acabado de receber o Prêmio Nobel da Paz, encontrava-se nos Estados Unidos, visitando as suas missões no país. Sentindo quanto ela era especialmente admirada por seguidores de muitas religiões, fui várias vezes ao seu encontro e mostrei-lhe minha coletânea de citações comparadas. Madre Teresa gostou muito do conceito de *Unidade*, e gentilmente escreveu uma introdução para o livro.

Com a minha decisão fortalecida, prossegui com as pesquisas. Em um ano, eu havia compilado citações ligadas a 25 princípios fundamentais, então os reuni numa obra que eu mesmo publiquei e distribuí por várias livrarias. Quase que imediatamente comecei a receber novos pedidos.

Um dos livreiros descreveu a reação dos clientes enquanto examinavam *Unidade:* "Os olhos deles brilhavam... surpresos por encontrarem de repente algo que haviam procurado durante muito tempo."

Em 1989, lancei outra edição de *Unidade: Os princípios comuns a todas as religiões,* contendo 30 princípios primordiais, introdução e oração de Madre Teresa e testemunho do Dalai-Lama, que receberia o Prêmio Nobel da Paz meses depois.

Desde então, continuei as minhas pesquisas, aumentando para 64 o número de princípios que aparecem aqui.

Em todos os livros sagrados, os grandes princípios são repetidos e reformulados de diversas maneiras. Para tornar este livro simples e fácil de ler, escolhi uma citação representativa de cada religião.

Por exemplo, o princípio "Honra teu pai e tua mãe" é universal. As citações a seguir encontram-se em textos sagrados islâmicos. Apenas a primeira foi usada em *Unidade*, mas as demais são igualmente belas e apropriadas.

Serve e reverencia os teus pais. O Paraíso jaz aos pés das mães.

HADITH

Aquele que deseja entrar no Paraíso pela porta principal deve agradar a pai e mãe.

HADITH

O Senhor decretou que não adores senão a Ele e que sejas indulgente com teus pais. Mesmo que a velhice alcance um deles ou ambos em tua companhia, não os reproves nem os rejeites; mas dirige-lhes palavras honrosas.

ALCORÃO 17:23

"Mensageiro de Deus, quem é mais merecedor dos meus cuidados?" Maomé respondeu: "A tua mãe." Ele perguntou quem viria depois e Maomé respondeu: "A tua mãe." Ele perguntou quem viria depois e Ele respondeu: "A tua mãe." Ele perguntou quem viria depois e Ele respondeu: "O teu pai."

HADITH

As inúmeras citações relativas a "Honra teu pai e tua mãe" (e a todos os outros princípios contidos neste livro) estão presentes nos textos sagrados do cristianismo, do judaísmo, do budismo e de todas as outras religiões. Selecionei apenas algumas para facilitar o prazer da leitura e as distribuí nas páginas de modo organizado, desejando que o silêncio dos espaços em branco entre elas dê à alma do leitor a oportunidade de assimilar o espírito desses princípios e contemplar as grandes verdades contidas neles. Leia aos poucos, fechando o livro depois de cada princípio e deixando-se impregnar pelo seu conteúdo. Leia muitas vezes, compartilhando a leitura com pessoas que, como você, estão em busca de uma realização mais profunda.

Desde que saiu a primeira edição de *Unidade*, o mundo sofreu profundas mudanças. Acontecimentos trágicos continuam a abalar a nossa esperança de alcançar paz e harmonia duradouras. Nestes tempos em que as tensões emocionais ameaçam a espiritualidade intrínseca à vida, é natural que nos voltemos para os ensinamentos divinos, procurando nos fortalecer e revigorar. Eles possuem a capacidade de conduzir o homem a um novo nível de compreensão que restabelece a paz, a dignidade e o respeito pelos outros.

Os princípios de crescimento interior hoje não são diferentes daqueles dos tempos de Jesus, Buda, Maomé, Moisés ou Confúcio. Esses grandes mestres deixaram mensagens parecidas, que permanecem essenciais para as pessoas do mundo atual. Esses princípios ultrapassam os tempos e as mudanças. Eles traçam com clareza um caminho que permite a cada um de nós ter paz e esclarecimento, que são os verdadeiros propósitos da vida.

– JEFFREY MOSES

INTRODUÇÃO

de Sua Santidade, o Dalai-Lama

Todas as principais religiões do mundo têm um objetivo semelhante, e por isso a harmonia entre elas é tão importante e necessária. Acredito firmemente que, embora possam ter diferenças substanciais do ponto de vista filosófico, as religiões possuem o mesmo potencial de ajudar a humanidade. Cada uma delas enfatiza um determinado método para desenvolver os seres humanos, cultivando qualidades como generosidade, amor, compaixão e respeito pelos outros.

Todos os seres vivos almejam a felicidade e tentam evitar o sofrimento. Essa igualdade de propósito se reflete nos temas de amor e compaixão comuns a todas as religiões. As aparentes diferenças filosóficas são um reflexo dos diferentes interesses e inclinações das pessoas. Fazer dessas diferenças um motivo de conflito contradiz o objetivo religioso maior e fundamental de estabelecer a paz e a harmonia. Comparar os princípios das diferentes tradições religiosas – como os que se encontram neste livro – certamente contribui para aprofundar a consciência das características que elas têm em comum, aumentando o sentido de harmonia e respeito entre elas.

A Regra de Ouro

A Regra de Ouro é a pedra angular da compreensão religiosa. Ela é a mais completa expressão da Unidade de todas as pessoas e serve de alicerce para a paz e a boa vontade universal na Terra.

A Regra de Ouro é expressa quase da mesma forma em todas as religiões e é tão fundamental que fundadores e mestres iluminados de todas as crenças a observam rigorosamente.

Jesus referiu-se à Regra de Ouro como "a lei e os profetas"; Maomé, como "a expressão mais nobre da religião". O rabino Hillel afirmou no Talmude que a Regra de Ouro é "a Torá em sua totalidade, o resto não passa de explicação". Vyasa, o iluminado sábio hindu, a chamou de "a síntese de toda a verdadeira retidão". Buda referiu-se a ela como "a síntese final de toda a retidão". E Confúcio considerou-a "o único princípio a ser seguido a vida inteira".

Aprendemos desde a infância que viver segundo a Regra de Ouro é um ideal, mas não compreendemos claramente seus benefícios práticos. Quando vemos todos os seres como extensões de nós mesmos, os obstáculos à realização plena – tanto de indivíduos quanto da sociedade – são removidos. Quando as metas de cada um são sustentadas pelas atividades de todos, é possível ter paz e prosperidade no mundo. Por isso, a Regra de Ouro não pode ser considerada um ideal vago. Ela é um princípio prático que reúne as aspirações mais profundas da humanidade. Serve de base para tudo o que é positivo e duradouro na vida.

A Regra de Ouro

Faz aos outros tudo o que queres que te façam, porque esta é a lei e os profetas.

CRISTIANISMO

Não faças ao teu próximo aquilo que te fere. Esse princípio é a Torá em sua totalidade, o resto não passa de explicação.

JUDAÍSMO

Faz a todos o que gostarias que te fizessem, e rejeita para os outros o que rejeitarias para ti mesmo.

ISLAMISMO

Não firas o próximo com aquilo que te causa sofrimento.

BUDISMO

Tsé Kung perguntou: "Existe algum princípio que sirva de conduta para a vida?" Confúcio respondeu: "Seria o princípio da Reciprocidade? – O que não desejas que te façam não o faças a outrem."

CONFUCIONISMO

Esta é a síntese de toda a verdadeira retidão:
Trata o próximo como esperas ser tratado.
Não faças ao próximo nada que
não desejes que ele te faça.

HINDUÍSMO

Trata os outros como esperas ser tratado.

SIQUISMO

Um homem deve pensar em tratar todas as criaturas como ele próprio gostaria de ser tratado.

JAINISMO

Considera o ganho do próximo como sendo o teu próprio ganho; e considera a perda do próximo como sendo a tua própria perda, como se estivesses no lugar dele.

TAOÍSMO

Não atribuas a outra alma o que não atribuirias a ti.

BAHAÍSMO

AMA O TEU PRÓXIMO

No Evangelho de Lucas, perguntam a Jesus: "Quem é o meu próximo?" Num mundo que os avanços no setor de transportes e as comunicações quase instantâneas tornaram pequeno, essa pergunta continua relevante.

Em resposta, Jesus conta a parábola do bom samaritano que sai de seu caminho para ajudar um homem ferido, embora este pertencesse a uma crença diferente. Nessa parábola, Jesus afirma de forma direta e simples que toda e qualquer pessoa é o nosso próximo e merece nosso respeito e ajuda. Do mesmo modo, nos provérbios do Hadith, Maomé diz: "Ajuda qualquer pessoa oprimida, seja ela muçulmana ou não muçulmana." E Vyasa declara no Bhagavad Gita hindu: "Aquele que ama o seu semelhante, seja ele amigo ou inimigo, esse me é querido."

Todo ser humano nasce tendo amor pelos outros. Porém, à medida que cresce, esse amor é inúmeras vezes posto à prova, de maneiras desafiantes. Mas, se compreendermos e absorvermos os ensinamentos das maiores religiões do mundo, seremos capazes de encontrar a fé necessária para superar os obstáculos e construir um amor duradouro.

Não basta apenas a leitura dos livros sagrados para alcançar esse nível de entendimento. Atos de fé, oração e meditação profunda são necessários para nos conferir a força capaz de fazer com que o amor pelos outros se torne uma parte integrante da nossa vida e do nosso ser. Quando muitos incorporarem essa crença e a transformarem em prática concreta, a expressão do amor no mundo será tão espontânea e natural como o amor entre mãe e filho.

Ama o teu próximo

Amarás o teu próximo como a ti mesmo.

JUDAÍSMO

Eu vos dou um novo mandamento: amai-vos uns aos outros como eu vos amei... Assim sereis reconhecidos como meus discípulos, se tiverdes o mesmo amor uns pelos outros.

CRISTIANISMO

Um homem adquire uma boa regra de conduta quando vê o próximo como a si mesmo.

HINDUÍSMO

Só é feliz o homem pleno de amor por todas as coisas do mundo e que pratica a virtude em benefício dos outros.

BUDISMO

Procura estar em harmonia com todos; sê amigo dos teus irmãos.

CONFUCIONISMO

Ninguém é crente se não tiver amor ao próximo e se não amar seu irmão tal como ele é.

ISLAMISMO

O MUNDO É NOSSA FAMÍLIA

"O mundo é minha família", diz o Maha Upanixade, texto védico hindu com uma tradição oral que data de mais de 6 mil anos. Desde essa época, toda religião proclama que a verdadeira base da vida humana é a compreensão, a compaixão, o perdão, a caridade e a ajuda aos outros exercida de todas as formas.

Esse princípio é o alicerce do pensamento de qualquer religião. Se somos todos filhos de Deus, estamos interligados de maneira fundamental. Por que, então, prejudicar uns aos outros?

A maioria dos grandes princípios incluídos neste livro deriva da compreensão de que formamos todos uma grande família, ligados não só pelo sangue, mas por um laço espiritual inquebrantável.

O mundo é nossa família

De um só sangue Deus fez todas as nações.

CRISTIANISMO

Todos são filhos e filhas de Deus, todos são boas pessoas, irmãos e irmãs, pois foram criados pelo mesmo Pai. Não há diferença radical entre eles.

HINDUÍSMO

Não temos todos nós um mesmo pai? Não nos criou a todos o mesmo Deus? Por que agimos de forma malévola com nossos irmãos?

JUDAÍSMO

Todas as criaturas constituem a família de Deus; e aquele que promove o maior bem a essa família é o preferido de Deus.

ISLAMISMO

Não te esqueças de que o mundo é uma grande família... Considera o Céu como teu pai, a Terra como tua mãe e todas as coisas como teus irmãos e irmãs.

XINTOÍSMO

Deus é o Pai; a Terra, a Mãe. De todas as coisas e em relação a todas as coisas, somos todos parentes.

SIOUX, *povo indígena da América do Norte*

HÁ UM SÓ DEUS

Deus é adorado por bilhões de pessoas em todo o mundo como o Ser Único, onisciente, todo-poderoso, amoroso e magnânimo.

Embora todas as religiões proclamem a existência de um só Deus, os seguidores de uma determinada crença podem ver seu próprio Deus como único, diferente do Deus das outras. Mas isso não diminui a totalidade divina – e não deveria ser causa de desavenças entre nós.

Ao contrário, a crença universal de que há um só Deus deveria fortalecer nossa convicção de que existe um ser supremo que transcende todos os limites do Universo e de que todas as pessoas e todas as coisas possuem a mesma essência.

Há um só Deus

Há um só Deus e Pai de todos, que está acima de todos, e em todos vós.

CRISTIANISMO

O Senhor é Deus no Céu e na Terra; não há nenhum outro.

JUDAÍSMO

Ele é o Deus único oculto em todos os seres, que a tudo permeia, o Eu dentro de todos os seres, vigiando todos os mundos, habitando em todos os seres.

HINDUÍSMO

Há apenas um Deus cujo nome é verdadeiro. Ele é o criador, imortal, eterno, sem princípio nem fim.

SIQUISMO

Tudo isso é Deus. Deus é tudo o que existe.

SUFISMO

Ele, na verdade, é, em toda a eternidade, único na Sua Essência, único nos Seus atributos, único nas Suas obras.

BAHAÍSMO

É MELHOR DAR DO QUE RECEBER

O uso sábio do dinheiro pode ser tão espiritualmente enriquecedor quanto a oração. As pessoas que permanecem em contato com o seu eu interior e que verdadeiramente se preocupam com os outros sentem o coração espontaneamente inundado pelo desejo de ajudar os que necessitam.

A doação de dinheiro, tempo, apoio e ânimo para causas válidas nunca pode ser prejudicial para o doador. As leis de doação fazem com que os atos de caridade proporcionem ao doador um manancial ilimitado de riquezas. Tudo o que vale a pena na vida foi criado como resultado do amor e da preocupação de uns pelos outros. Quando as pessoas doam com amor àqueles que necessitam, elas estabelecem a base para a paz e são reconhecidas no mundo inteiro.

É melhor dar do que receber

É melhor dar do que receber.

CRISTIANISMO

O homem sábio não acumula riquezas. Quanto mais doa, mais tem; quanto mais água oferece, de mais água dispõe.

TAOÍSMO

Na mente do generoso nasce a satisfação.

SIQUISMO

Os que doam de modo caridoso fazem a Alá um empréstimo considerável.

ISLAMISMO

A doação de um presente é superior à aceitação de um presente.

HINDUÍSMO

Bem-aventurado é aquele que respeita o pobre; o Senhor o livrará no dia do mal.

JUDAÍSMO

Não faças o mal

Se a essência de cada religião fosse resumida em uma única frase, as palavras dariam ênfase à importância de não fazer mal aos outros.

"Age sempre com bondade amorosa", ensina o budismo. "O ideal é a ausência de ofensa", afirma o hinduísmo. "Não ferir é a forma superior de religião", proclama o jainismo. "O amor não faz mal ao próximo", prega o cristianismo. "Que cada um evite fazer mal aos outros", declara o islamismo. "Tem como arma apenas a palavra de Deus; não uses outro meio a não ser a fé pura", dizem os textos sagrados do siquismo.

Devemos sempre lembrar que os sentimentos e as esperanças dos outros são iguais aos nossos. E não devemos nunca esquecer que todas as religiões – que traduzem os mais elevados pensamentos e aspirações da humanidade – vêem todos os seres humanos como membros de uma única grande família criada por Deus.

Não faças o mal

Não faças mal aos outros, nem em pensamentos nem em ações; não pronuncies palavra que vá ferir teus companheiros.

HINDUÍSMO

Não faças mal a ninguém por meio de palavras ou ações; sê coerente com o propósito de praticar o bem.

BUDISMO

Sede benignos, compassivos, perdoando uns aos outros, assim como também Deus vos perdoou em Cristo.

CRISTIANISMO

Não se deve fazer mal a nenhum ser vivo, com pensamentos, palavras ou atos.

JAINISMO

Manifesta bondade e clemência por todos os teus irmãos.

JUDAÍSMO

Não se deve praticar o mal nem rebater o mal.

ISLAMISMO

Preserva a Terra

Os textos sagrados foram escritos muito antes de a Terra ser contaminada pelo alto grau de poluição atual. Ainda assim, todas as religiões salientam a importância de preservar os recursos naturais e a beleza do planeta.

A nossa existência depende da interação saudável entre os diferentes níveis do mundo natural, desde os seres microscópicos até a imensidão dos oceanos e da atmosfera. Quando a natureza é poluída, todos acabam sofrendo. Por esse motivo, as religiões afirmam que a natureza deve ser preservada e que devemos interagir de modo consciente e responsável com o planeta.

A preservação ecológica é uma questão que afeta a sociedade como um todo mas que só pode ser solucionada no plano individual. Quando as pessoas entenderem que somos uma unidade, irão viver em harmonia com o mundo natural. Este é o fundamento para cuidarmos do nosso planeta: uma consciência cada vez maior de que o eu interior de cada ser está ligado ao Ser universal, e que Este une todas as pessoas e todas as coisas existentes sobre a Terra.

Preserva a Terra

Pois a terra que absorve a chuva que cai sobre ela e faz brotar a erva... recebe a bênção de Deus.

CRISTIANISMO

Não poluas a água. Não lances teu lixo nos rios e lagos. Assim proteges a vida dos seres que ali permanecem.

BUDISMO

Qualquer muçulmano que tenha plantado uma árvore ou semeado um campo beneficia os homens, os pássaros e outros animais. Mas ele terá feito caridade para si mesmo.

ISLAMISMO

Pega apenas aquilo de que precisas e deixa a terra como a encontraste antes.

ARAPAHO, *povo indígena da América do Norte*

É preciso sempre cuidar das árvores e das florestas, pois elas causam inúmeros efeitos benéficos para a humanidade.

HINDUÍSMO

Se não interferirem nos campos, os grãos excederão o que poderá ser comido. Se for proibido o uso de redes em lagos, os peixes serão mais numerosos do que o que se poderá consumir. Se os machados entrarem nas florestas apenas nas ocasiões certas, a madeira será mais abundante do que a que se poderá usar.

CONFUCIONISMO

O Reino do Céu está dentro de nós

Os melhores aspectos da vida quase sempre estão ocultos. A doçura de uma laranja se esconde no interior de uma casca amarga. A semente de uma árvore, da qual a vida brotará, protege-se dentro de uma casca rígida. Podemos caminhar sobre a terra sem saber que existe um vasto tesouro escondido nas profundezas do solo sob nossos pés.

Desde a mais tenra infância, nossos sentidos reagem às sensações externas. Sem orientação e compreensão, corremos o risco de passar toda a vida apreciando o mundo apenas pelo aspecto exterior. Mas as verdadeiras riquezas da vida residem dentro de cada ser humano. Se soubermos valorizar a sabedoria do passado, o poder da oração e, acima de tudo, a meditação profunda, seremos capazes de nos unir a Deus no silêncio interior.

Quando atingimos esse silêncio, ele começa a se irradiar sobre todas as nossas atividades. No dia em que um número significativo de pessoas começar a irradiar seu silêncio interior, o Céu começará a ser visto na Terra.

O Reino do Céu está dentro de nós

O Reino de Deus não aparece visivelmente, nem dirão "Ei-lo aqui!" ou "Ei-lo ali!", porque o Reino de Deus está dentro de vós.

CRISTIANISMO

O que o homem pouco evoluído busca está do lado de fora; o que o homem evoluído busca está dentro dele mesmo.

CONFUCIONISMO

Se pensas que a Lei está fora de ti, não é a Lei absoluta que estás seguindo, mas algum ensinamento inferior.

BUDISMO

Se os seres humanos conhecessem seus próprios segredos ocultos, jamais olhariam para qualquer outro lugar em busca de felicidade e paz.

SUFISMO

Deus permanece oculto no coração de todos.

HINDUÍSMO

Deus está no teu coração, e no entanto tu procuras por Ele no deserto.

SIQUISMO

COLHEMOS AQUILO QUE SEMEAMOS

Todas as ações têm repercussões de grande alcance. "Insondável é o curso da ação", diz o Bhagavad Gita, o mais venerado texto sagrado hindu. Por isso, é preciso estar sempre consciente de que tudo o que fazemos poderá ter conseqüências sobre nós mesmos e sobre os nossos entes queridos.

Para os que têm consciência de que essa verdade básica é essencial para alcançarmos a felicidade e o sucesso, as horas do dia oferecem oportunidades preciosas de agir com bondade e retidão.

O mesmo se aplica às religiões, culturas e nações. Os que desejam viver em paz devem oferecê-la aos que lhes querem fazer guerra. Os que desejam que suas tradições sejam respeitadas devem mostrar respeito pelas dos outros. Os que procuram segurança devem proporcioná-la aos que não a têm.

Essas são leis fundamentais da vida humana que não podem ser violadas. Agir de outra maneira é desconsiderar os conselhos das pessoas mais sábias de toda a história. Conscientes ou não, todos somos regidos por essa lei inevitável da natureza.

Colhemos aquilo que semeamos

É a lei natural: o que semearmos, colheremos.

BUDISMO

Tudo o que o homem semear ele também colherá.

CRISTIANISMO

Tal como semeia, assim o homem colherá.

SIQUISMO

A alma generosa prosperará, e o que regar também será regado.

JUDAÍSMO

O que procede de nós voltará para nós.

CONFUCIONISMO

Tu não podes colher o que não semeaste; quando plantares uma árvore, ela crescerá.

HINDUÍSMO

Conquista com amor

No mundo atual, é imprescindível entender que as discordâncias e os conflitos entre as pessoas e as nações não podem ser resolvidos pela força. Todas as religiões estão de pleno acordo quanto a isso. Dominar os outros pela força apenas os aprisiona, não elimina as razões que se encontram por trás do conflito. Em vez disso, aumenta a tensão e inevitavelmente gera uma animosidade ainda maior.

O amor, ao contrário, é uma força unificadora. Ele resplandece para resolver as diferenças. Isso não significa que as diferenças se dissolvem e desaparecem, mas que elas se integram em um todo maior onde se tornam mais úteis e belas.

O amor conquista *antes* que a luta se estabeleça. Ainda que os canais de comunicação tenham se rompido e o conflito seja deflagrado, a atitude fundamental deveria continuar sendo de amor e de unificação pelo amor.

Conquista com amor

Retribui o mal com o bem e a inimizade será transformada em amizade.

ISLAMISMO

Não sejas vencido pelo mal, mas vence o mal com o bem.

CRISTIANISMO

Quando um prejudica o outro, o prejudicado se volta e prejudica o agressor. Do mesmo modo, quando um trata bem o outro, o outro retribui com carinho. Deveríamos moldar nossa norma de conduta de acordo com isso.

HINDUÍSMO

A resposta branda desvia o furor, mas a palavra dura suscita a ira.

JUDAÍSMO

Conquista teu inimigo pela força e aumentarás a raiva dele. Conquista-o pelo amor e receberás apenas arrependimento.

BUDISMO

A força, por mais disfarçada que seja, desperta a resistência.

LAKOTA, *povo indígena da América do Norte*

Bem-aventurados os pacificadores

A paz tem sido buscada universalmente por todas as pessoas em todos os tempos. Tem sido a meta de todas as leis, religiões e políticas. "Busca a paz e segue-a", proclama o Antigo Testamento da Bíblia. "Guardai a paz uns com os outros", falou Jesus no Evangelho de São Marcos. "Se o teu inimigo inclina-se para a paz, inclina-te igualmente para a paz", afirma o Alcorão.

Quando as pessoas tomarem plena consciência de que há uma íntima ligação entre todos os povos e nações, a paz será um resultado natural. Pois ela só pode ser gerada pela solicitude e compreensão mútua. A paz nunca será alcançada por meio das negociações superficiais ou dos acordos temporários para acabar com um conflito.

Assinaturas em papéis não têm o poder de produzir harmonia. Desde o começo da história escrita foram assinados milhares de tratados de paz. A história mostra que os tratados não são capazes de manter uma paz duradoura. Como poderiam? As fronteiras nacionais, geralmente criadas e supostamente protegidas por tratados, são limites artificiais que acabam gerando discórdia entre os povos. Separações acordadas não promovem o sentimento profundo de unidade que é essencial para a paz duradoura.

A produção de armas também não é capaz de garantir a segurança de uma nação. Esta é uma lição que deve ser aprendida de maneira absoluta: é chegada a hora de valorizar os sentimentos mais profundos e duradouros de amor e compreensão entre as pessoas. Só eles são capazes de proporcionar uma harmonia real para a comunidade dos seres humanos.

Bem-aventurados os pacificadores

Bem-aventurados os que promovem a paz, porque serão chamados filhos de Deus.

CRISTIANISMO

Devo dizer-vos quais são os atos melhores do que o jejum, a caridade e a oração? Manter a paz entre os inimigos está entre esses atos, pois a inimizade e a maldade arrancam as recompensas divinas pela raiz.

ISLAMISMO

Quem cultiva pensamentos nobres visa à paz e à felicidade dos outros – até mesmo dos que o prejudicam.

HINDUÍSMO

Regozijam-se os que aconselham a paz.

JUDAÍSMO

Quando um pensamento belicoso te ocorrer, opõe-lhe um pensamento mais forte de paz. Um pensamento de ódio deve ser destruído por um pensamento mais intenso de amor.

BAHAÍSMO

Ele sana divisões e alicerça amizades buscando a paz e assegurando a sua manutenção, pois da paz Ele se compraz e Suas palavras são sempre as de um pacificador.

BUDISMO

A VERDADE É UNIVERSAL

As religiões são como ramos de uma mesma árvore. Cada ramo difere ligeiramente dos outros, mas todos estão ligados ao mesmo tronco e se nutrem das mesmas raízes.

Prosseguindo um pouco mais nessa analogia, pode-se dizer que as raízes representam a fonte comum de todas as religiões, o ponto de conexão entre a consciência humana e a divina. No íntimo de cada pessoa existe a percepção de que ela é parte da consciência universal. Fundadores e mestres iluminados de cada religião recorreram a essa fonte. Toda religião é inspirada pela Divindade. As palavras de Jesus, Buda, Maomé, Moisés, Shankara e Confúcio podem variar, mas sua mensagem sobre a necessidade da compaixão, da compreensão e da solidariedade expressa profundamente a Unidade do espírito humano.

Essa mensagem é insuperável. Ao longo dos séculos, certos governos, movimentos filosóficos e seitas religiosas promoveram a discórdia por diversas razões. Mas o tempo apaga essa separação. Repetidamente, a verdade é revitalizada e a unidade intrínseca entre os seres humanos se faz notar.

Não existe vocação maior do que contribuir para o crescimento dessa consciência no mundo. Aqueles que se incumbem dessa missão sentem-se inspirados por Deus. Eles se tornarão as lanternas que iluminarão os novos tempos, quando as diferenças se enfraquecerem, dando lugar à paz e à harmonia.

A verdade é universal

Toda escritura é inspirada por Deus e útil para o ensino, para a repreensão, a correção, a educação na justiça, a fim de que os seres criados por Deus sejam completos e habilitados para toda boa obra.

CRISTIANISMO

Cremos em Deus, cremos no que foi revelado a nós e a Abraão... e cremos no que foi dado a Moisés e Jesus e no que foi dado aos profetas pelo Senhor deles. Não fazemos nenhuma distinção entre eles, e perante Deus nos resignamos.

ISLAMISMO

Não censures as outras seitas, não condenes os outros, mas, antes, respeita neles o que seja merecedor de respeito.

BUDISMO

De modos variados os sábios descreveram
As mesmas verdades invariáveis e essenciais;
Não há nenhum real conflito entre todas elas.

HINDUÍSMO

A verdade não parte da natureza humana. Se o que é considerado verdade partir da natureza humana, não pode ser considerado verdade.

CONFUCIONISMO

Permite-nos reconhecer a Ti em todos os Teus nomes e formas sagradas: como Rama, como Krishna, como Shiva, como Buda. Deixa-nos conhecer a Ti como Abraão, como Salomão, como Zaratustra, como Moisés, como Jesus, como Maomé e em muitos outros nomes e formas, conhecidos e desconhecidos do mundo.

SUFISMO

É MELHOR CONHECER-SE PRIMEIRO

Um dos temas centrais de toda religião é a importância de conhecer-se e de usar a própria força para desenvolver todas as nossas atividades. "Aprende a te conhecer", proclama a fé islâmica. "Se tu te conheceres bem, os teus erros serão poucos", afirma o confucionismo. "O conhecimento de si mesmo é considerado a maior de todas as coisas, pois leva à iluminação", declara a religião hindu.

Nossas atividades e sucessos baseiam-se na nossa força interior. Para crescermos, é necessário reconhecermos e corrigirmos nossos erros. Mas é difícil fazer isso, pois costumamos ocultá-los não só dos outros como de nós mesmos.

Quando aprendemos a reconhecer e a corrigir nossos maus hábitos, começamos a avançar a passos largos para uma felicidade maior e para o sucesso. É preciso aprender a admitir nossas próprias faltas para sermos mais amorosos e tolerantes com as falhas alheias.

É melhor conhecer-se primeiro

Se você ama os outros e acha que seu afeto não é retribuído, examine seu amor. Se os controla e eles se mostram incontroláveis, examine sua sabedoria. Se os trata com educação e eles não retribuem o tratamento educado, examine seu respeito. Se você não consegue realizar seus desejos, volte-se para dentro de si e examine-se bem.

CONFUCIONISMO

Tira primeiro a trave do teu próprio olho, e então verás como hás de tirar o argueiro do olho do teu irmão.

CRISTIANISMO

O ignorante vê o erro alheio ainda que seja como uma semente de mostarda. E não vê o seu, ainda que seja como um marmelo.

HINDUÍSMO

Vemos os erros do outro com facilidade, mas temos dificuldade em ver os nossos. Notamos o erro alheio como a palha do grão; o nosso, escondemos como o trapaceiro esconde o lance de dados.

BUDISMO

Aquele que conhece os outros é perspicaz; aquele que conhece a si mesmo é sábio.

TAOÍSMO

Os que discutem com os outros em vez de discutir com o próprio coração desperdiçam a vida.

SIQUISMO

Honra teu pai e tua mãe

Seria difícil restituir aos nossos pais as horas, dias e anos que eles nos dedicaram quando éramos crianças e jovens. Por isso, nós os respeitamos e cuidamos deles na velhice. Mas por que razão todas as religiões atribuem tamanha importância ao fato de honrar os pais? Talvez porque, agindo assim, contribuímos para a harmonia da estrutura social e mantemos tanto o nosso próprio bem-estar quanto o dos nossos filhos e dos filhos dos nossos filhos.

O suporte dado pelos pais desde o nosso nascimento é tão fundamental para a manutenção da vida que em muitas religiões e tradições Deus é personificado com as características e atributos de Pai e Mãe. Essas imagens parecem naturais e nos fazem lembrar que as energias criativas do Universo estão sempre nos alimentando e sustentando.

A tradição dos índios norte-americanos afirma que "Todos os seres vivos provêm da terra. Para onde quer que olhemos, vemos parte da nossa Mãe e do nosso Pai".

Honra teu pai e tua mãe

Filho meu, guarda o mandamento de teu pai e não abandona os ensinamentos de tua mãe; ata-os perpetuamente a teu coração, pendura-os a teu pescoço. Quando caminhares, isso te guiará; quando te deitares, te guardará; quando acordares, falará contigo.

JUDAÍSMO

Pois Deus ordenou, dizendo: "Honra o teu pai e a tua mãe."

CRISTIANISMO

Honra o teu Pai e a tua Mãe. Não te esqueças dos favores que recebeste.

HINDUÍSMO

Serve e reverencia os teus pais. O Paraíso jaz aos pés das mães.

ISLAMISMO

Amparar Pai e Mãe,
Alimentar Esposa e Filho,
Seguir um ofício pacífico,
Essa é a maior bênção.

BUDISMO

Se cada homem amasse os pais e mostrasse o respeito devido por seus antepassados, todo o império desfrutaria de tranqüilidade.

CONFUCIONISMO

Não julgues

Quando perguntaram a Jesus se uma mulher deveria ser condenada por um pecado que havia cometido, ele respondeu: "Aquele entre vocês que estiver sem pecado lhe atire a primeira pedra." Ouvindo isso, os acusadores foram forçados a examinar as próprias consciências e tiveram que se afastar.

Ninguém pode conhecer todos os fatores que influenciam o comportamento do outro – portanto é impossível julgar ou condenar alguém com justiça e precisão. No próprio ato de julgar, fechamos a porta do coração e da mente – e, de certo modo, nos igualamos à pessoa que julgamos.

Semelhante aos princípios contidos em "É melhor conhecer-se primeiro" e "A Regra de Ouro", este conceito expressa a mesma verdade primordial: devemos sempre procurar ajudar os outros em suas trajetórias de aprendizado, em vez de colocar-lhes empecilhos.

Filósofos e pesquisadores estudaram esse princípio por milhares de anos, mas, para aqueles que são conscientes dos próprios erros e pensam duas vezes antes de julgar os outros, o significado é simples e claro.

Não julgues

Não julgues e não serás julgado; não condenes e não serás condenado; perdoa e serás perdoado.

CRISTIANISMO

Não julgues o teu próximo enquanto não estiveres no lugar dele.

JUDAÍSMO

Não julgues o teu próximo.

BUDISMO

Segue o que é revelado a ti e persevera com paciência até que Deus venha julgar, porque ele é o melhor juiz.

ISLAMISMO

Todas as religiões ensinam que deveríamos amar uns aos outros, que deveríamos olhar nossos próprios erros antes de pensar em condenar os erros dos outros... Quem somos nós para julgar?

BAHAÍSMO

AMA OS TEUS INIMIGOS

Esse princípio básico foi enunciado diretamente pelos fundadores de todas as religiões. Jesus instruiu os seus seguidores a amar não só os que os amavam, mas também os que não os amavam. Maomé declarou que devemos fazer o bem tanto aos que nos fazem o bem como aos que nos oprimem. E Vyasa, no texto sagrado hindu Mahabharata, insistiu que todas as pessoas devem amar igualmente os amigos e os inimigos.

Os mestres iluminados de todas as religiões refletiram sobre as causas e as conseqüências das questões humanas. Eles perceberam que desavenças e animosidades são sintomas de problemas básicos mais profundos. Sem a consciência da Unidade de todas as pessoas, mesmo as menores desavenças podem se transformar em confrontos sérios. Um problema leva a outro e as dificuldades vão se entrelaçando tão profundamente que a solução acaba se tornando impossível.

Não se elimina a opressão com mais opressão. Não se acaba com a guerra guerreando. Os textos sagrados das principais religiões são muito claros sobre esse ponto. É preciso tomar consciência da nossa Unidade para podermos superar a visão limitada que gera conflitos. Só pela consciência da Divindade que habita no íntimo de cada pessoa pode ser estabelecida a base para a paz e a harmonia duradouras.

Ama os teus inimigos

Ama os teus inimigos, faz bem àqueles que te odeiam.

CRISTIANISMO

Não digas que se as pessoas te fizerem o bem, tu farás o bem a elas; e que se as pessoas te oprimirem, tu as oprimirás. Mas determina que se as pessoas te fizerem o bem, tu lhes farás o bem; e se elas te oprimirem, tu não as oprimirás.

ISLAMISMO

Indagaram a Confúcio: "O que dizes do comentário: 'Retribui a inimizade com bondade'?" E ele respondeu: "Como retribuirias a bondade então? Retribui a bondade com bondade e a inimizade com justiça."

CONFUCIONISMO

Se o teu inimigo tem fome, dá-lhe pão para comer; e se ele está sedento, dá-lhe água para beber.

JUDAÍSMO

Conquista com presentes um homem que nunca dá nada; domina os mentirosos com a verdade; derrota um homem irado com a gentileza; e vence o homem mau com a bondade.

HINDUÍSMO

Vence a ira com o perdão... e a mentira com a honestidade.

JAINISMO

A SABEDORIA É MAIS PRECIOSA DO QUE A RIQUEZA

A sabedoria não nos leva a um estado de resignação ou de distanciamento. A sabedoria é uma combinação de experiência e consciência que nos faz desenvolver qualquer atividade com grande dinamismo. Sabedoria é energia emocional, clareza mental e força intuitiva.

A sabedoria permite que avaliemos as experiências do passado para aprender com elas, reduzindo assim as possibilidades de erro e de infelicidade no futuro.

Num sentido mais pleno, a sabedoria é um estado de consciência. Quando a sabedoria desabrocha, entramos em comunhão com o Infinito. Então passamos a viver à luz de Deus e tudo o que fazemos nos dá plena satisfação.

A sabedoria é mais preciosa do que a riqueza

Não é da abundância de bens que provém a riqueza, mas de uma mente satisfeita.

ISLAMISMO

Não juntes tesouros na Terra, pois a traça e a ferrugem tudo consomem e os ladrões os roubam. Mas junta tesouros no Céu, onde nem a traça nem a ferrugem os consomem nem os ladrões os roubam; pois onde está o teu tesouro estará o teu coração.

CRISTIANISMO

É muito melhor adquirir sabedoria do que ouro! E o conhecimento é melhor do que a prata!

JUDAÍSMO

O verdadeiro tesouro é constituído por meio da caridade e da devoção, da temperança e do autocontrole... O tesouro acumulado dessa maneira é seguro e não acaba.

BUDISMO

O conhecimento é o melhor tesouro que um homem pode acumular durante a vida. O aprendizado é a veneração das venerações. É só pelo aprendizado que um homem pode melhorar as condições de vida de seus amigos e conhecidos. O conhecimento é a mais sagrada das santidades, o deus dos deuses. Ele granjeia o respeito das cabeças coroadas; sem o conhecimento, o homem nada mais é que um animal.

HINDUÍSMO

NEM SÓ DE PÃO VIVE O HOMEM

O pão não é capaz de satisfazer a fome espiritual. No entanto, poucos parecem saber disso. Buscamos sentido e satisfação em atividades mundanas, negligenciando o alimento de nossas almas.

As bênçãos da vida são mais profundas do que aquilo que é percebido pelos sentidos ou pela mente. Toda a atividade, todo sucesso, todo bem-estar e felicidade baseiam-se em um Espírito insondável que nos sustenta mesmo quando não temos consciência disso. Esse é o sustento que todos nós buscamos.

A expressão mais plena da Divindade encontra-se nos relacionamentos afetuosos entre as pessoas. A vida se nutre de bondade, de interesse pelo próximo, de perdão, de solidariedade e de generosidade. Não vivemos apenas do pão material. Vivemos alimentados por uma energia mais profunda que cria e sustenta todas as manifestações da vida.

Nem só de pão vive o homem

Nem só de pão viverá o homem, mas de toda palavra de Deus.

CRISTIANISMO

O homem não vive só do pão material.

HINDUÍSMO

Faz do conhecimento divino o teu alimento.

SIQUISMO

Nem só de pão vive o homem, mas de toda palavra que sai da boca de Deus.

JUDAÍSMO

O homem superior delibera sobre como conhecer a verdade, não sobre o que vai comer.

CONFUCIONISMO

55

Bem-aventurado aquele que perdoa

Quantas vezes uma mãe perdoa seu filho? Quantas vezes Jesus perdoou? Quantas vezes Buda, Maomé, Shankara e outros mestres iluminados sorriram com tolerância ante os erros dos outros?

A vida é um processo de aprendizado em que todos cometemos erros. O perdão gerado pela compreensão e a tolerância tem o poder de dissipar qualquer dano. Quando cultivam uma atitude de clemência, as pessoas ajudam a gerar um círculo de tranqüilidade no mundo.

A atitude indulgente abre canais de amor e compreensão em nossos corações. Anos de estudos de livros, leis e preceitos religiosos não cultivam a mente e as emoções com a intensidade que um instante de perdão o faria. Só quando praticamos o ato de perdoar a vida se desenvolve com a intensidade e a qualidade que desejamos.

Bem-aventurado aquele que perdoa

A coisa mais bela que um homem pode fazer é perdoar.

JUDAÍSMO

Então Pedro, aproximando-se dele, perguntou: "Senhor, quantas vezes pecará meu irmão contra mim e eu hei de perdoar? Até sete?" Jesus lhe disse: "Não te digo que até sete vezes, mas até setenta vezes sete."

CRISTIANISMO

Aquele que perdoa e gera a paz encontrará a recompensa em Deus.

ISLAMISMO

Onde há perdão há o próprio Deus.

SIQUISMO

Recompensa a maldade com a bondade.

TAOÍSMO

Nunca o ódio é reduzido pelo ódio;
Ele só é reduzido pelo amor...
Essa é uma lei eterna.

BUDISMO

Fala a verdade

A falsidade de uma pessoa em um determinado setor da vida contamina todos os demais. A mentira cria na nossa personalidade hábitos que acabam afetando tudo o que desejamos realizar. Se mentimos em nosso ambiente de trabalho, dificilmente seremos completamente verdadeiros com nossa família. Falar a verdade contribui para aumentar nossa capacidade de amar e nosso crescimento interior. Nem que seja para nossa própria satisfação, devemos cultivar a honestidade em todos os aspectos da vida.

A mentira revela também nossa ignorância quanto à Unidade entre todos os seres. As pessoas só mentem quando pensam que são independentes e podem obter uma grande vantagem impedindo o progresso dos outros.

Todo benefício obtido pela mentira é, por definição, transitório, porque a atividade mais fundamental e importante da vida – a conquista da satisfação verdadeira e duradoura – é prejudicada pela fraude.

Fala a verdade

Tendo abandonado a mentira, falem a verdade cada um com seu próximo, porque somos membros uns dos outros.

CRISTIANISMO

Fala a verdade com o teu próximo; executa juízo de verdade e de paz em tuas portas.

JUDAÍSMO

A ele eu chamo de Braman, aquele que profere a fala verdadeira, instrutiva e livre de asperezas, de modo que não ofende ninguém.

BUDISMO

Não cubras a verdade de falsidade; não escondas a verdade conscientemente.

ISLAMISMO

Diz o que é verdade! Cumpre o teu dever. Não te desvies da verdade.

HINDUÍSMO

Uma mentira pode aniquilar mil verdades.

PROVÉRBIO ASHANTI, *sabedoria africana*

A sinceridade é o caminho do Céu, e pensar sobre como ser sincero é o caminho do homem. Todo aquele que possui a mais completa sinceridade faz crescer os outros. Os desprovidos de sinceridade nunca conseguem promover o crescimento dos outros.

CONFUCIONISMO

Somos reconhecidos pelos nossos atos, não pela nossa religião

Vários leitores me escreveram contando que leram em voz alta os textos sobre esse princípio durante o funeral de um parente. Fizeram isso para ressaltar os aspectos positivos da vida do ente querido, demonstrados por atos de generosidade, atenção e respeito.

Atos que visam ao bem dos outros revelam a verdadeira espiritualidade interior, ainda que a pessoa não tenha uma prática espiritual nem pertença a uma determinada religião.

A vida interior é a base da atividade exterior. As nossas ações são o espelho do nosso eu interior verdadeiro. Se queremos conhecer o grau de evolução espiritual de uma pessoa, basta observar seus atos.

Somos reconhecidos pelos nossos atos, não pela nossa religião

Deus não perguntará a um homem de que raça ele é. Perguntará o que ele fez.

SIQUISMO

Deus retribuirá a cada um de acordo com as suas obras.

CRISTIANISMO

Deus não leva em conta as suas formas e posses, mas o seu coração e as suas obras.

ISLAMISMO

Uma hora de boas ações neste mundo é melhor do que toda uma vida no mundo que virá.

JUDAÍSMO

As ações falam mais alto do que as palavras.

ASSINIBOINE, *povo indígena da América do Norte*

Nenhum brâmane é brâmane de nascença.
Nenhum pária é pária de nascença.
Um pária é um pária pelas suas ações.
Um brâmane é um brâmane pelas suas ações.

BUDISMO

Sê brando em tua ira

O ideograma chinês para "crise" é composto de dois caracteres: um para "risco" e outro para "oportunidade". Quando nos defrontamos com um problema – com uma crise – corremos o risco de nos deixar destruir por ele ou podemos crescer se o enfrentarmos com serenidade e sabedoria.

Com freqüência, nos aborrecemos quando nos deparamos com algo que nos impede de realizar um desejo. A irritação muitas vezes aumenta nos momentos em que mais precisamos de clareza e objetividade. Nesse sentido, a raiva é inimiga do sucesso – e até mesmo da segurança. Quanto mais conseguirmos administrar bem a raiva, maiores serão nossas chances de uma realização duradoura na vida.

Quando perguntaram a Maomé qual é a maior e mais importante qualidade de uma pessoa, ele respondeu: "Não perder a calma." Num sentido mais profundo, a ira separa as pessoas, ou os grupos, contradizendo a Unidade que todos os textos sagrados proclamam como sendo a verdade essencial da humanidade.

Sê brando em tua ira

Quem demora a manisfestar sua ira é grande em entendimento, mas quem é de temperamento impetuoso exalta a loucura.

JUDAÍSMO

Aquele que abandona a raiva alcança Deus.

HINDUÍSMO

Que o Sol não se ponha sobre a tua ira.

CRISTIANISMO

Forte não é quem joga os outros no chão, e sim quem controla a própria raiva.

ISLAMISMO

Que possamos conter a raiva e nos refrear de gestos irados.

XINTOÍSMO

Aquele que controla os acessos da raiva como a uma carroça que avança, a esse eu chamo de um verdadeiro condutor; os outros apenas seguram as rédeas.

BUDISMO

Segue o espírito das Escrituras, não a letra

Cada religião tem suas características peculiares. Mas essas características são apenas aspectos superficiais. Os princípios fundamentais de todas as religiões são universais.

Por isso não podemos nos prender à letra da lei, que é o significado superficial encontrado nas palavras dos ensinamentos. É indispensável buscar o espírito da lei, que é universal e compartilhado por todas as religiões e culturas.

Segue o espírito das Escrituras, não a letra

A letra mata, mas o espírito vivifica.

CRISTIANISMO

É melhor deixar que uma letra seja extirpada do que permitir que a Torá seja esquecida.

JUDAÍSMO

O Alcorão foi enviado em sete dialetos, e em cada uma das suas frases há um significado exterior e um significado interior.

ISLAMISMO

Um iluminado deve proclamar a verdade, tanto na sua letra quanto no seu espírito.

BUDISMO

Estuda as palavras, sem dúvida, mas observa
Por trás delas o pensamento que está contido
E, tendo encontrado esse significado, livra-te delas
Como da palha quando se peneira o grão.

HINDUÍSMO

Não deixes os estudiosos examinarem
A linguagem do sábio muito de perto;
Os videntes consideram mais os pensamentos
Do que as palavras em que são captados.

SUFISMO

BUSCA A SABEDORIA DESDE A JUVENTUDE

Buda disse que todo jovem naturalmente deseja influenciar o mundo de modo positivo. Mas acrescentou que os jovens deveriam se concentrar primeiro no próprio crescimento interior e depois voltar a sua atenção para os outros, a fim de ajudá-los.

Ninguém pode promover melhoras externas sem antes cuidar de si mesmo. É preciso acumular força, sabedoria e conhecimento para realizar nossas intenções. Não há dúvida de que o processo é dialético: à medida que vamos realizando, vamos aprendendo. O importante é não perdermos de vista a necessidade absoluta de estarmos sempre investindo no nosso potencial mental, emocional e espiritual. Só assim seremos mais capazes de realizar nossas metas – materiais e espirituais.

A educação é a chave para essa realização. Ao falar de educação, geralmente pensamos no conhecimento das ciências humanas e exatas. Mas, para o desenvolvimento completo, dois outros aspectos são importantíssimos: o estudo da sabedoria presente nas grandes religiões, e a oração acompanhada de meditação profunda, como a meditação transcendental. A oração permite o contato direto com as energias espirituais fundamentais do universo.

Quando esses três aspectos da instrução são aplicados desde a mais tenra idade, eles aumentam as chances de alcançar o sucesso, a felicidade e a harmonia na vida.

Busca a sabedoria desde a juventude

Meu filho, aceita a instrução desde teus jovens anos; ganharás uma sabedoria que durará até à velhice.

JUDAÍSMO

Conhecimento é riqueza; o que se aprende na juventude fica gravado na pedra.

HINDUÍSMO

Busca primeiro o Reino de Deus e Sua retidão; e todas as coisas te serão acrescentadas.

CRISTIANISMO

Busca o conhecimento desde o berço até à sepultura.

ISLAMISMO

Aquele que, mesmo como jovem aprendiz, dedica-se à doutrina da verdade ilumina este mundo como a lua ao emergir das nuvens.

BUDISMO

RESPEITA O IDOSO

De maneira geral, a nossa cultura não segue esse preceito. Quase sempre preferimos a juventude à velhice, a beleza à sabedoria, os modismos às verdades fundamentais. Infelizmente, estamos testemunhando no mundo os resultados dessas escolhas.

Mesmo quando vão perdendo a vitalidade física, os anciões têm uma importante contribuição a dar. O conhecimento adquirido ao longo da vida através da experiência é imenso. Seremos loucos se desprezarmos o conselho precioso de pessoas sábias e experientes.

A sociedade que deseja alcançar a felicidade verdadeira e duradoura – que só pode ser conquistada pela consciência da Unidade interior de todas as pessoas – precisa respeitar os seus membros mais velhos e demonstrar reconhecimento e admiração por eles.

Respeita o idoso

Quatro bênçãos ganha o ser humano que respeita os mais velhos e pratica a reverência: vida longa, beleza, felicidade e força.

BUDISMO

Com os anciãos está a sabedoria, e na extensão dos dias, o entendimento.

JUDAÍSMO

Trata os idosos da tua família com a reverência devida à idade.

CONFUCIONISMO

Não repreendas um velho, mas exorta-o como a um pai.

CRISTIANISMO

Ao ouvir um ancião falar, cala e escuta.

MOHAWK, *povo indígena da América do Norte*

Honrar um homem velho é mostrar respeito a Deus.

ISLAMISMO

Uma aldeia sem anciãos é como uma árvore sem raízes.

PROVÉRBIO NILÓTICO, *sabedoria africana*

Permanece na companhia dos sábios

Confúcio, certamente um dos homens mais sábios de todos os tempos, teria dito: "Quando sou informado da presença de pessoas sábias e instruídas na minha cidade, faço o maior esforço possível para conhecê-las." Da mesma maneira, os textos sagrados do judaísmo afirmam: "Se vires um homem sensato, aproxima-te dele, desgasta com o teu pé os degraus da sua porta."

Essa é a atitude que todos devemos ter. Quem se acomoda, achando que sabe tudo de que precisa, fica prejudicado – essa é uma atitude infantil. Procure sempre a companhia das pessoas sábias e dotadas de experiência, capacidade de observação e inteligência.

Sábias são as pessoas capazes de obter realização e felicidade em tudo o que fazem, mesmo nas pequenas conquistas. Para alcançar o sucesso, a saúde duradoura e evitar as armadilhas que aparecem ao longo da vida, é necessário aprender com essas pessoas – e aceitar sinceramente a sua orientação.

Quem são os "sábios" de hoje? As pessoas mais sábias do mundo atual têm profissões e atividades diversas. Talvez sejam professores, líderes religiosos, médicos, cientistas, escritores ou mesmo empresários. Podem até ser nossos amigos, pais ou parentes, pessoas cuja sabedoria talvez não percebamos, pelo fato de nos serem tão familiares.

Permanece na companhia dos sábios

Quem anda com os sábios será sábio, mas o companheiro dos tolos será destruído.

JUDAÍSMO

Na companhia de sábios, até mesmo os tolos podem alcançar a sabedoria.

HINDUÍSMO

A companhia de anciãos sábios, experientes, virtuosos e amorosos é, na verdade, uma proteção para o jovem.

SUFISMO

Devemos seguir os que são bons e sábios, tal como a lua segue o caminho das estrelas.

BUDISMO

Quando vires um homem de valor, tenta atingir seu nível; quando vires um homem de mau caráter, examina teus próprios pontos fracos.

CONFUCIONISMO

Ninguém encontrou Deus por trilhar sozinho o próprio caminho.

SIQUISMO

Muitos caminhos levam a Deus

A Divindade se manifesta de várias maneiras no mundo. Mas, como é mostrado neste livro, os princípios essenciais para o crescimento espiritual são universais.

A verdade não muda. Ela não varia de religião para religião. Podemos pensar que as nossas religiões são diferentes, mas, quando remontamos às suas origens, encontramos uma fonte comum.

Os ensinamentos básicos de cada religião que influenciam o dia-a-dia dos seus fiéis são praticamente idênticos. Mesmo pertencendo a tradições culturais diferentes, as pessoas que seguem os ideais de uma religião têm valores éticos e morais muito semelhantes – e seus caminhos acabam convergindo para a realização da mesma Verdade suprema.

Muitos caminhos levam a Deus

Para as almas, existem muitos caminhos que levam a Deus; tantos quantas são as respirações dos filhos de Adão.

ISLAMISMO

Os que adoram outro deus com fé
Não adoram senão a Mim naquelas formas;
Muitos são os caminhos dos homens,
Mas todos eles a Mim os conduzem.

HINDUÍSMO

Pois todos os que são guiados pelo Espírito de Deus, esses são filhos de Deus.

CRISTIANISMO

Confúcio disse: "No mundo existem muitos caminhos diferentes, mas o destino é o mesmo."

CONFUCIONISMO

Todas as religiões são apenas degraus que conduzem a Deus.

PAWNEE, *povo indígena da América do Norte*

Busca e encontrarás

Muitas pessoas acreditam que são incapazes de atingir o crescimento espiritual. Elas desejam a paz interior, mas acham que, por causa de seus hábitos e estilo da vida, jamais a alcançarão.

Os textos sagrados de todas as religiões, porém, deixam claro que, se realmente desejarmos experimentar as bênçãos que acompanham a espiritualidade, nossa busca não será em vão.

A espiritualidade se encontra dentro de nós. Mesmo em nosso mundo agitado, somos capazes de encontrar a paz interior. A jornada começa simplesmente pela busca.

Busca e encontrarás

Pede e será dado; busca e encontrarás; bate e será aberto.

CRISTIANISMO

Então buscarás o Senhor teu Deus e o encontrarás quando o buscares com todo o teu coração e com toda a tua alma.

JUDAÍSMO

Mesmo quem só anseia pela paz divina vai além do conhecimento encontrado nos livros.

HINDUÍSMO

Muitos milhões procuram por Deus e o acham no próprio coração.

SIQUISMO

Não trates levianamente o bem, dizendo "Nunca o atingirei". Gota a gota se enche o cântaro; da mesma forma o sábio aos poucos se encherá de bondade.

BUDISMO

Daquele que se aproximar de mim um palmo eu me aproximarei meio metro; e daquele que se aproximar de mim meio metro eu me aproximarei um metro; e se alguém vier andando, eu irei a ele correndo.

ISLAMISMO

É MELHOR DOMINAR TUA ÍNDOLE

As citações que vêm a seguir salientam a importância de não se deixar corromper pela ganância e pela busca de bens materiais. Desde o tempo em que os textos sagrados foram escritos, há muitas oportunidades para que isso aconteça.

Há pessoas que buscam o sucesso prejudicando os outros, fechando os olhos para a injustiça, cometendo roubos ou agindo com desonestidade. Mas o tipo de sucesso que alcançam é aparente e, em geral, temporário. Acontece à custa da tranqüilidade e da alegria, impedindo a realização pessoal mais profunda. Essa verdade é ensinada no Hitopadesa hindu: "Como pode a verdadeira felicidade provir da riqueza ganha de maneira inadequada? Na sua aquisição, ela causa dor. Na sua perda, sofrimento. Na sua abundância, loucura." O Hadith assevera: "Se alguém compra um manto por 10 moedas, das quais mesmo uma tenha sido ganha ilegalmente, Alá não aceitará as suas preces enquanto o usar." E, nos Analectos, Confúcio afirma: "A riqueza e a honra que alguém conquista por meios injustos são tão passageiras quanto as nuvens."

Esse princípio é de grande importância para quem deseja ter amor, sucesso duradouro e evolução espiritual. O mundo está cheio de tentações que reluzem de forma sedutora, conduzindo-nos a ganhos temporários. É importante evitar até mesmo os primeiros passos na direção desses ardis a que levam pensamentos como "Uma vez só não fará mal". Sem percebermos, começamos a achar justificativas para essas ações e a pensar que não vale a pena o esforço para trilhar o caminho espiritual.

É melhor dominar tua índole

Pois que aproveitará o homem se ganhar o mundo inteiro e perder a sua alma?

CRISTIANISMO

Melhor é o que demora a irar-se do que o poderoso; e o que controla o seu ânimo do que aquele que toma uma cidade.

JUDAÍSMO

O maior guerreiro não é o que vence em batalhas milhares de homens, mas aquele que vence a si mesmo.

BUDISMO

A mais excelente jihad é a da conquista do ego.

ISLAMISMO

Aquele que vence os outros é forte; aquele que vence a si mesmo é poderoso.

TAOÍSMO

Difícil é conquistar o próprio ego. Mas, quando ele é conquistado, tudo é conquistado.

JAINISMO

Deus é perdão

Os grandes mestres de todas as religiões sempre demonstraram uma grande capacidade de perdoar e encorajaram seus seguidores a manter uma atitude de clemência. Suas vidas foram exemplos do divino atributo do perdão. Cada um deles declarou que Deus, a fonte da sabedoria e da virtude, é dotado de uma absoluta benevolência.

Esse princípio é confortador para aqueles que sofrem em conseqüência dos próprios atos. Todos os textos sagrados declaram que somos responsáveis por nossas ações, e que inevitavelmente sofreremos quando prejudicarmos os outros. Mas eles também afirmam que Deus nos perdoa sem reservas quando reconhecemos nossas faltas e voltamos para o caminho da consciência espiritual.

Deus é perdão

O Senhor teu Deus é clemente e misericordioso, e não desviará de ti o Seu rosto se voltares para Ele.

JUDAÍSMO

Aquele que vem ao meu encontro com pecados do tamanho do mundo será agraciado com perdão de igual tamanho.

ISLAMISMO

Quando confessamos os nossos pecados, Ele é fiel e justo para perdoar nossas faltas e nos purificar de toda injustiça.

CRISTIANISMO

Por maiores que sejam os seus pecados, se ele vier a mim e me amar com coração firme, será um santo, se converterá da melhor forma e ganhará a paz perpétua. Isto eu prometo: o que me ama nunca perecerá.

HINDUÍSMO

Se alguém comete más ações com crueldade mas depois se arrepende e muda o seu modo de ser... no fim das contas, pode estar certo de ganhar a boa fortuna e de transformar o infortúnio em doce bênção pelas lições aprendidas.

TAOÍSMO

Onde há perdão há o próprio Deus.

SIQUISMO

Sê amoroso com todos, assim como Deus é

Quem conhece os planos de Deus para o mundo? Como podemos, com nossa visão limitada, julgar as ações dos outros? Todos os dias e todas as noites, Deus inunda de amor e perdão até mesmo aqueles que são rotulados como criminosos pela sociedade. Os textos sagrados afirmam que Deus trata com carinho os que procedem da mesma maneira.

Mesmo quando é necessário que a sociedade corrija ou puna algumas pessoas, essas ações devem se basear na compreensão de que o amor e o perdão são os ideais mais elevados das relações humanas.

Sê amoroso com todos, assim como Deus é

Assim como a água sacia a sede tanto dos bons quanto dos maus e os limpa da poeira e das impurezas, você também deve tratar com bondade amorosa tanto o seu amigo quanto o seu inimigo.

BUDISMO

Porque Ele faz nascer o Sol sobre maus e bons e a chuva descer sobre justos e injustos.

CRISTIANISMO

Mais importante é um dia de chuva do que a ressurreição dos mortos, já que a ressurreição é para os justos e não para os pecadores, enquanto a chuva é para todos, justos e pecadores.

JUDAÍSMO

A terra acolhe o honesto e o desonesto. O Sol aquece o honesto e o desonesto. O vento sopra igualmente para ambos. A água limpa-os igualmente.

HINDUÍSMO

A bondade mais elevada é como a água. A água é magnânima com todas as coisas.

TAOÍSMO

A chuva cai sobre o justo e sobre o injusto.

HOPI, *povo indígena da América do Norte*

A minha religião é como as nuvens derramando gotas de chuva... algumas caem em cavidades de que a humanidade se beneficia; outras caem em terras altas que não produzem benefício.

ISLAMISMO

Moderação em todas as coisas

O excesso de atividade mental ou física leva ao cansaço. Por mais que se tenham corpo e mente resistentes e flexíveis, são necessários períodos regulares de descanso para aliviar a fadiga e a tensão. As pessoas maduras tendem naturalmente a moderar seus hábitos. Mas o jovem, que se sente dotado de uma energia inesgotável, tende ao excesso de muitas maneiras.

No mundo frenético em que vivemos, o sucesso é equiparado a longas horas de trabalho intenso e o estresse é aceito como um efeito inevitável. Mas o desgaste físico acaba cobrando o seu preço. As pessoas de mais sucesso normalmente recomendam calma aos jovens para manterem o corpo saudável e desfrutarem a vida ao máximo.

Moderação em todas as coisas

Aquele que age com moderação vive mais e é mais resistente.

TAOÍSMO

Não cometas excessos; não faças nada prejudicial... os prazeres não devem ser levados ao exagero.

CONFUCIONISMO

Aquele que evita os extremos na refeição e no jejum,
No sono e na vigília, no trabalho e na diversão
Tem como resultado o equilíbrio, a paz e a alegria.

HINDUÍSMO

Que a tua moderação seja conhecida de todos os homens.

CRISTIANISMO

Se um homem ultrapassa os limites da moderação, polui o próprio corpo e a própria mente.

XINTOÍSMO

Tem moderação em tudo o que fazes; se isso não for possível, tenta chegar o mais próximo dela.

ISLAMISMO

A SOBERBA PRECEDE A RUÍNA

O orgulho excessivo impede o crescimento e o contentamento. Ele nos cega para a necessidade de sermos cautelosos e atentos antes de qualquer empreendimento, e sobretudo afasta a nossa consciência da ligação contínua com a Divindade, que é a fonte de toda a inteligência e realização.

O orgulho faz parte da vida; é natural sentir-se bem ao conquistar algo. Mas o orgulho excessivo nos distancia da verdadeira fonte do sucesso, porque nos faz pensar que somos os únicos responsáveis pelas vitórias que conquistamos. Para aproveitar melhor nossas experiências, devemos cultivar sempre uma atitude de gratidão a Deus por ter nos dado as condições para o sucesso. É preciso manter permanentemente um sentimento de benevolência em relação aos outros e dar graças a Deus pelas bênçãos recebidas.

A soberba precede a ruína

A soberba precede a destruição, e a insolência do espírito, a queda.

JUDAÍSMO

O orgulho traz perdas; a humildade, ganhos; esse é o caminho do Céu. Arruína-se quem diz que os outros não se comparam a ele.

CONFUCIONISMO

A soberba é o portal para a derrota.

HINDUÍSMO

Cerca-te de humildade, porque Deus resiste ao soberbo mas dá graça ao humilde.

CRISTIANISMO

Deus, seguramente, não ama o orgulhoso e o arrogante.

ISLAMISMO

A humildade é a origem da honra.

TAOÍSMO

A ALMA É ETERNA

Há muitos anos, um amigo hospedou-se em minha casa. Todas as manhãs ele acordava cedo e saía para caminhar pela praia. Geralmente regressava da caminhada bastante animado, falante, mas uma vez voltou calado e pensativo. Mais tarde conversamos sobre o assunto.

– Eu estava caminhando ao longo da praia, admirando as ondas quebrarem na areia – disse-me ele. – Uma após a outra, algumas grandes, outras menores. Então pensei que as ondas nunca param. Elas quebram na praia dessa mesma maneira há milhões, bilhões de anos, e continuarão assim por bilhões de anos depois que eu morrer. É claro que eu já sabia disso, mas de repente esse pensamento me confortou, porque senti que de algum modo eu sempre faria parte disso...

Seu olhar perdeu-se ao longe e ficamos em silêncio, escutando o vento soprar do mar. Na manhã seguinte, minha mulher e eu ouvimos quando ele saiu para o passeio habitual mais cedo do que de costume.

A vida de cada pessoa na Terra é uma breve centelha na infinidade do tempo. Embora os textos sagrados de todo o mundo atribuam um grande significado à nossa vida pessoal, eles proclamam que a vida terrena é uma preparação para a existência futura.

Para quem acredita que a consciência cessa depois da morte, nossas experiências parecem inúteis e arbitrárias – e a perda de entes queridos é sempre acompanhada de grande sofrimento. Mas quando percebemos que o eu interior existe além da morte, sentimos um grande alívio e todos os momentos da vida se tornam importantes e preciosos.

Como diz o taoísmo: "O nascimento não é um começo; a morte não é um fim. A existência não tem limite; há continuidade sem um ponto de partida." Essa consciência une as religiões e forma a base da Unidade entre todas as pessoas durante a nossa breve permanência na Terra.

A alma é eterna

A alma é eterna pela sua própria natureza.

JAINISMO

Quem semeia no Espírito do Espírito colherá a vida eterna.

CRISTIANISMO

Certamente a bondade e a misericórdia me seguirão todos os dias da minha vida, e habitarei na casa do Senhor para sempre.

JUDAÍSMO

A alma, depois de separar-se do corpo, continuará progredindo até chegar à presença de Deus.

BAHAÍSMO

Imutável, sem início e sem fim permanece a alma, embora sua casa pareça morta.

HINDUÍSMO

A sepultura é a primeira estação na viagem para a eternidade.

ISLAMISMO

No princípio

Toda religião descreve a origem do Universo como uma força imensa e poderosa, infinitamente criativa e dinâmica, repleta de paz e silêncio. O princípio do Universo se dá quando a consciência, se movendo, forma toda a criação material a partir da sua própria natureza transcendente.

Ao interpretar a origem do Universo, procuramos explicar as características de Deus. Será que somos realmente capazes de imaginar uma tal imensidão? Cada religião tenta descrever esse poder e essa inteligência inimagináveis. Como diz o siquismo: "A tentativa de explicá-Lo nunca teria fim. Milhões de homens dão milhões e milhões de descrições Dele, mas nenhum consegue explicá-Lo."

No princípio

No princípio havia uma escuridão indescritível;
Então não havia nem terra nem céu, nada além da Ordem inigualável de Deus.
Então não havia dia, nem noite, nem Lua, nem Sol; Deus estava meditando no vazio.

SIQUISMO

No princípio não havia nem existência nem inexistência;
Portanto não havia nem céu nem atmosfera acima...
Portanto não havia nem morte nem imortalidade,
Portanto não havia nem dia, nem noite, nem luz, nem trevas,
Só o existente Um respirava calmamente, completo.

HINDUÍSMO

No princípio Deus criou o Céu e a Terra. E a Terra era sem forma e vazia; e havia trevas sobre a face do abismo, mas o Espírito de Deus pairava sobre a face das águas. Disse Deus: "Haja luz." E houve luz.

JUDAÍSMO

No princípio era o Verbo, e o Verbo estava com Deus, e o Verbo era Deus. Ele estava no princípio com Deus. Tudo foi feito por meio dele, e sem ele nada foi feito.

CRISTIANISMO

Havia algo indefinido e completo, desabrochando em existência antes do Céu e da Terra. Era imóvel e informe, único e imutável, atingindo tudo sem o risco de se exaurir. Deve-se considerá-lo como a Mãe de todas as coisas.

TAOÍSMO

Ele é o primeiro e o último; o visível e o invisível; o onisciente! Ele é aquele que em seis dias criou os Céus e a Terra e depois subiu para o Seu trono.

ISLAMISMO

Deus criou todas as coisas

O poder incompreensível que criou os bilhões de galáxias espalhadas pelo Universo – cada uma com bilhões e bilhões de estrelas – também criou a existência infinitamente sutil das partículas subatômicas, muitas das quais não podem ser vistas nem com o auxílio dos microscópios mais potentes.

A inteligência vasta que orienta o movimento do cosmo também sustenta o fluxo das mais delicadas emoções, como o amor, a devoção, a fé e a alegria.

No universo material, onde fica a emoção do amor? E a memória? E as sensações de alegria, tristeza e desejo? Ficam em uma dimensão ou espaço que não foi criado por nós. Foi Deus quem o criou, da mesma maneira que nos criou.

Em nosso desejo de controlar e criar, tentamos imitar o trabalho de Deus. Mas falhamos sempre. Como dizem as palavras sagradas do Hadith: "Que o homem tente criar um átomo! Que ele tente criar um grão de cevada!"

Deus criou todas as coisas

Porque toda casa é edificada por alguém, mas aquele que edificou todas as coisas foi Deus.

CRISTIANISMO

Este Universo nasceu do Senhor. No Senhor ele está estabelecido. Ele é a Causa da Criação.

HINDUÍSMO

Todas as coisas se originam do céu.

CONFUCIONISMO

Deus fez a terra com seu poder; estabeleceu o mundo com sua sabedoria e com sua inteligência estendeu os céus.

JUDAÍSMO

Louvado seja Deus, que criou o céu e a terra e ordenou as trevas e a luz! Foi Ele quem te criou.

ISLAMISMO

Deus é sempre verdadeiro. Ele é o verdadeiro Deus. Ele, que fez este mundo, é e sempre será. Veja! A obra Dele atesta a Sua grandeza.

SIQUISMO

Nós não vemos Deus, mas tudo o que vemos é obra Dele.

ETIÓPIA, *sabedoria africana*

DEUS ESTÁ ALÉM DE TODA COMPREENSÃO

Sempre que examinamos profundamente qualquer aspecto da natureza encontramos um padrão infinitamente complexo de inteligência e ordenação. Do nosso modo limitado, buscamos entender a imensidão, mas, por mais extensa que a nossa gama de conhecimentos se torne, novos mistérios sempre se abrem à nossa frente. O nosso intelecto e os nossos sentidos não conseguem penetrar a profundidade ou abranger a vastidão do Universo.

Uma história dos Upanixades, textos sagrados da Índia antiga, é lembrada quando se consideram os mistérios do Universo. Para mostrar a um discípulo quanto Deus é incompreensível, um mestre iluminado pediu que o jovem quebrasse uma semente de baniano, uma árvore enorme e majestosa. Quando a semente foi aberta, o professor perguntou:

– O que você encontrou?

– Nada – respondeu o estudante. – A semente é oca por dentro.

– Agora você começou a explorar o grande mistério de Deus. Do nada que há dentro dessa semente minúscula brota o poderoso baniano. Do mesmo modo, da transcendência silenciosa de Deus brota o Universo inteiro. Como isso acontece, nunca entenderemos. Só podemos apreciar e nos maravilhar.

Deus está além de toda compreensão

Deus faz grandes coisas que não compreendemos.

JUDAÍSMO

Ó profundidade das riquezas, tanto da sabedoria como da ciência de Deus, quão insondáveis são os seus juízos, e quão inescrutáveis os seus caminhos!

CRISTIANISMO

Tu, Deus, estás além de todo pensamento, concepção, suposição, imaginação, sim, e muito além de tudo o que falamos, ouvimos ou lemos em livros.

SUFISMO

Quão puro e silencioso é o Ser Supremo!
Quão profundo e insondável!

TAOÍSMO

Se todas as árvores da Terra fossem cálamos e o mar e mais sete mares fossem tinta, não esgotariam as palavras de Deus, porque Ele é Poderoso e Sábio.

ISLAMISMO

Se a Terra se tornasse papel, as florestas, canetas, e o vento, um escritor, o fim do infinito não poderia ser descrito.

SIQUISMO

Procura te sentir satisfeito

Expressando os sentimentos de todas as religiões, resume o Hadith: "A verdadeira riqueza não consiste na abundância de bens, mas na satisfação pessoal."

É fácil perder de vista a simplicidade da vida. Tendemos a pensar que precisamos de certas coisas e que temos de nos empenhar para consegui-las. Mas ao longo da história foi provado que a riqueza – e tudo o que a cerca – não leva necessariamente à satisfação.

Contentar-se com a própria vida não significa tornar-se indiferente ao mundo. A satisfação, no sentido mais pleno, é um estado de consciência que nos permite manter a tranqüilidade em meio ao sucesso e ao fracasso.

Procura te sentir satisfeito

Não andeis ansiosos quanto à vossa vida, pelo que haveis de comer ou pelo que haveis de beber; nem quanto ao vosso corpo, pelo que haveis de vestir. Não é a vida mais do que o alimento, e o corpo, mais do que o vestuário? Olhai para as aves do céu, que não semeiam, nem colhem, nem ajuntam em celeiros; e vosso Pai celestial as alimenta.

CRISTIANISMO

Deus provê a todos com o alimento diário; por que, ó homem, tu te amedrontas?

SIQUISMO

O contentamento é a maior riqueza.

BUDISMO

O coração tranqüilo é a vida da carne.

JUDAÍSMO

O contentamento é a origem da felicidade e o descontentamento, a origem do sofrimento.

HINDUÍSMO

Cada pequena rendição à ansiedade é um passo para longe da essência natural do homem.

XINTOÍSMO

Busca o bem do mundo

Quando admiramos uma rosa, nossa atenção é atraída para a beleza e a suavidade das pétalas, não para a agudeza dos espinhos. Quando comemos uma laranja, descartamos a casca amarga para saborear o doce suco interior. Assim é com muitas coisas na vida. A sabedoria é a capacidade de ver o bem do mundo em meio à maldade.

Cultivar o hábito de apreciar o que existe de bom permite-nos desenvolver a felicidade e a paz interior. O mundo é muito sombrio para os que vêem apenas seu lado negativo, porque o bem é a mais completa expressão da Divindade. Além disso, valorizar o bem ajuda a fazer crescer o que é bom, tanto em nós como nos outros. Ao valorizar o que há de bom em uma pessoa, em uma nação ou em uma religião, estimulamos seus melhores aspectos e a fazemos desabrochar para a plenitude.

Busca o bem do mundo

Assim como a formiga procura grãos de açúcar entre grãos de sal, tu também deves buscar no mundo o bem em meio ao mal.

HINDUÍSMO

Peneira o bem das muitas coisas que ouves e segue-o; peneira o bem em meio às muitas coisas que vês e não o esqueças.

CONFUCIONISMO

Observa toda a clareza ao teu redor, mas lembra-te das sombras que ali estão.

TAOÍSMO

Nossos olhos até podem ver alguma impureza, mas não devemos deixar nossa mente ver coisas impuras. Nossos ouvidos até podem ouvir alguma impureza, mas não devemos deixar nossa mente ouvir coisas impuras.

XINTOÍSMO

Tudo o que é verdadeiro, tudo o que é digno de respeito, tudo o que é justo, tudo o que é puro, tudo o que é amável, tudo o que é de boa fama; se alguma virtude há, e se algum louvor existe, nisso pensai.

CRISTIANISMO

Fala com delicadeza

Uma palavra bem colocada pode engrandecer a alma. Em contrapartida, uma palavra dita de modo impensado é capaz de marcar negativamente uma pessoa pelo resto da vida. A fala é um meio de comunicação imperfeito e superficial, porque não é possível conhecer totalmente os pensamentos e as necessidades dos outros. Por isso é sempre melhor falar com delicadeza e respeito. Até mesmo a verdade deve ser dita com doçura, para que seja construtiva e não fira os sentimentos do interlocutor.

A delicadeza e a preocupação com o bem-estar do próximo são as marcas de uma pessoa espiritualmente desenvolvida. Assim como queremos que as pessoas falem amavelmente conosco em nossos momentos de necessidade, devemos agir com elas da mesma forma.

Fala com delicadeza

Não fales asperamente, para que não te falem assim.

BUDISMO

A vossa palavra seja sempre com graça, temperada com sal, para saberdes como deveis responder a cada um.

CRISTIANISMO

Não profiras palavra desagradável, pois o Senhor está em todo homem. Não magoes nenhum coração; todo coração é uma jóia.

SIQUISMO

Palavras ásperas ferem mais do que uma seta venenosa.

PROVÉRBIO NILÓTICO, *sabedoria africana*

Palavras que não causam aflição, palavras sempre verdadeiras, suaves e agradáveis – essas são a marca da verdadeira fala religiosa.

HINDUÍSMO

Sê modesto em teu comportamento e fala com bondade.

ISLAMISMO

Uma palavra irada é como um golpe com uma faca.

HOPI, *povo indígena da América do Norte*

Como maçãs de ouro em salva de prata, assim é a palavra dita a seu tempo.

JUDAÍSMO

Não apontes os erros dos outros

Aquele que se irrita demais com as falhas dos outros demonstra que está se preocupando com as questões superficiais da vida, se esquece dos aspectos mais profundos e significativos. A tendência da vida é evoluir para a verdade e a retidão, mas é natural que as pessoas se enganem e cometam erros no caminho.

Quando freqüentemente nos aborrecemos com os outros e apontamos seus erros, devemos nos perguntar o que, dentro de nós, está causando essa irritação. Diferenças de personalidade sempre existem, mas quando se considera a Unidade fundamental de todas as pessoas – a sua essência – geralmente a beleza oculta dentro de cada um é revelada.

Esse sentimento é lindamente expresso nesta declaração de Confúcio: "Estar no íntimo da pessoa em bondosa empatia com todas as coisas; amar todos os seres humanos; não se permitir pensamentos egoístas – essa é a natureza da benevolência e da retidão."

Não apontes os erros dos outros

O mal dos seres humanos é negligenciar o próprio campo e ir capinar os campos dos outros, é exigir muito dos outros, enquanto exigem pouco deles mesmos.

CONFUCIONISMO

Aquele que vê os próprios erros não tem tempo de ver os erros dos outros.

ISLAMISMO

Acha os teus próprios erros em vez de procurar falhas nos outros.

XINTOÍSMO

Quando julgas o outro, condenas a ti mesmo, pois tu também fazes aquilo que condenas.

CRISTIANISMO

Como podes esquecer os teus próprios erros e te ocupares dos erros dos outros?

BAHAÍSMO

Tentar corrigir a virtude de outra pessoa enquanto a própria virtude é duvidosa é estabelecer para a própria virtude uma tarefa da qual ela não é capaz.

TAOÍSMO

A BÊNÇÃO DA CARIDADE

Toda pessoa madura e responsável sente um aperto no peito ao ouvir falar do sofrimento dos outros. A televisão, o rádio e os jornais nos mantêm constantemente atualizados com o que se passa no mundo, e nos recordam continuamente da disparidade material entre as nações e as pessoas.

"Antes de tudo, tende ardente amor uns para com os outros, porque o amor cobrirá uma multidão de pecados", afirma a Bíblia. À medida que as desigualdades aumentam, essa caridade torna-se cada vez mais urgente. As nações avançadas não compartilham adequadamente a sua tecnologia com as áreas mais carentes. Nesse sentido, a caridade requer mais do que o mero oferecimento de dinheiro.

Se não houver uma ajuda efetiva, as desigualdades podem atingir um ponto que virá ameaçar a própria civilização. É essencial manter a bênção da caridade – até mesmo quando isso parecer um desafio difícil de enfrentar. Sem a prática da caridade, nossa vida vai se tornando estéril e insensível, e toda a humanidade sofre e se empobrece.

A bênção da caridade

Dá a quem está te pedindo e não te desvies daquele que está querendo tomar emprestado de ti.

CRISTIANISMO

O Profeta disse: "Doa em caridade e não retém os teus bens; caso contrário, Alá os tomará de ti."

ISLAMISMO

Aquele que se compadece do pobre empresta ao Senhor, que lhe retribuirá o benefício.

JUDAÍSMO

Assim como um jarro transbordante verte o líquido e não guarda nada para si, deve a tua caridade ser sem reservas – como um jarro emborcado.

BUDISMO

Generoso é aquele que dá ao mendigo enfraquecido que o procura em busca de alimento.

HINDUÍSMO

A caridade pertence à mais honrada nobreza do Céu e é a casa tranqüila onde o homem deveria morar.

CONFUCIONISMO

A BÊNÇÃO DA HOSPITALIDADE

"Pratiquem a hospitalidade uns com os outros sem relutância", diz o Novo Testamento da Bíblia Sagrada. "Que o homem faça as honras ao seu convidado", manda a tradição islâmica no Hadith; "o convidado é Deus", sustenta a tradição védica do hinduísmo.

Quantas vezes precisamos de hospitalidade ou de ajuda durante uma viagem? Quantas vezes uma simples acolhida teria aliviado nosso fardo? A pessoa amável e sensível observa as oportunidades de ajudar os outros. Muitos não pedem ajuda, apesar de estarem passando por imensa necessidade.

Praticada em muitas tradições como um meio de favorecer o crescimento espiritual, a hospitalidade é um princípio básico das religiões. Somos todos viajantes neste mundo. Quanto mais pudermos aliviar a carga dos outros, mais fácil se tornará nosso caminho.

A bênção da hospitalidade

Não maltratarás o estrangeiro, nem o oprimirás, pois foste estrangeiro no Egito.

JUDAÍSMO

Devemos ser hospitaleiros até mesmo com o inimigo quando ele vier à nossa casa.

HINDUÍSMO

Considerar amigo o visitante é um costume necessário, quer ele se apresente a pé ou montado. E se for um inimigo, esse ato de generosidade também é bom, pois muitas vezes um inimigo tratado com bondade torna-se um amigo.

ISLAMISMO

Que o amor fraternal permaneça. Não te esqueças da hospitalidade, porque, ao exercê-la, alguns, sem saber, hospedaram anjos.

CRISTIANISMO

Em todo o mundo não existem estrangeiros.

XINTOÍSMO

Dá sem esperar receber

Quando uma mãe dá algo ao filho, a doação é incondicional. O amor flui espontaneamente, e esse alento é fonte de todo crescimento e força. Da mesma forma, os fundadores iluminados de cada religião se doaram inteiramente, sem pedir nada em troca. Suas vidas são modelos de abnegação e servem de inspiração para todos nós.

Quando nos doamos com generosidade, aperfeiçoamos profundamente o nosso coração. As pessoas generosas dão à própria vida um grande significado. Cada momento é para elas uma oportunidade preciosa de crescimento. Elas transcendem a mesquinhez do mundo e alcançam uma visão mais elevada, percebendo que cada ser humano é uma centelha divina.

Dá sem esperar receber

Uma dádiva é pura quando é dada de coração... e quando nada se espera em troca.

HINDUÍSMO

Não há problema em dar esmolas em público, mas é melhor dá-las secretamente. Deus sabe o que tu fazes.

ISLAMISMO

Guardai-vos de dar a vossa esmola diante dos homens apenas para serdes vistos por eles; desse modo não tereis nenhuma recompensa do vosso Pai que está no Céu.

CRISTIANISMO

A verdadeira caridade é praticada em segredo. O melhor tipo de caridade é aquele em que a pessoa que dá não sabe quem recebe e a pessoa que recebe não sabe quem deu.

JUDAÍSMO

Ajuda sem buscar recompensa. Dá aos outros e não lamentes ou retenhas a tua generosidade. Os que agem assim são bons.

TAOÍSMO

Dá e te será dado

Este preceito pode parecer contrário ao anterior, "Dá sem esperar receber". Muitas vezes os conselhos contidos nos textos sagrados podem parecer contraditórios. Isso ocorre porque nenhum preceito se aplica à totalidade das pessoas em todas as circunstâncias. Da mesma maneira que um tipo de alimento não é igualmente benéfico para todos, nenhum conselho é universal.

Ao encontrar um conselho aparentemente contraditório dentro de um texto sagrado, devemos considerar com cuidado o que mais se aplica ao nosso caso naquele momento específico, reagindo às palavras que nos chegam ao íntimo e desconsiderando as que parecerem inoportunas.

"Dá e te será dado" é um preceito que pode ser benéfico para alguém que precisa entender que a caridade traz recompensas concretas a longo prazo. Essas recompensas podem se manifestar de várias formas, e não necessariamente como bens materiais: felicidade, crescimento, amor ou saúde.

Dá e te será dado

Dá e te será dado... Porque com a mesma medida com que medes também serás medido.

CRISTIANISMO

Lança o teu pão sobre as águas, porque depois de muitos dias o acharás.

JUDAÍSMO

Os que dão em caridade fazem a Alá um empréstimo agradável.

ISLAMISMO

Se quiseres ganhar, terás de dar primeiro; este é o começo da inteligência.

TAOÍSMO

Dá e a tua riqueza aumentará; dá e mais seguramente manterás a riqueza que tens.

HINDUÍSMO

O que sai de ti volta novamente a ti.

CONFUCIONISMO

A EXCELÊNCIA DA RIQUEZA

Não há limite para os bens que Deus nos dá. Se acreditarmos que a provisão de bens é limitada, passaremos a competir para obter um quinhão maior ou para garantir a nossa parte. Essa é a origem das disputas e dos conflitos. O sucesso obtido pela competição nunca é satisfatório. Não traz realização interior. Alcançar qualquer coisa à custa dos outros deixa sempre a sensação de que esse bem pode ser perdido ou roubado.

A pessoa espiritualmente consciente age segundo as leis da sociedade e segundo as mais profundas e fundamentais leis comuns a todos os ensinamentos religiosos. Esse modo de agir revela a Divindade – que existe em plenitude dentro de cada um – ao mundo. Pessoas que se comportam assim elevam-se acima da competição. Elas vivem e trabalham num plano criativo onde nunca há escassez, onde cada um é criador de novas riquezas, onde ninguém quer se apossar dos bens existentes. Essas são as pessoas que se dedicam a causas humanitárias.

O medo da perda jamais se instala nos que têm consciência de que não falta nada no mundo.

A excelência da riqueza

Na casa do justo há grande tesouro; mas nos lucros do ímpio há perturbação.

JUDAÍSMO

A riqueza, corretamente empregada, é uma bênção; e qualquer um pode licitamente se dispor a aumentar a própria riqueza por meios honestos.

ISLAMISMO

Toda boa ação traz bons frutos aos homens; não há como escapar dos efeitos das nossas ações. Com riquezas e os mais elevados prazeres a alma é recompensada por suas virtudes.

JAINISMO

Aquele que faz o que é adequado, cumpre os compromissos assumidos e se esforça quando necessário alcançará a prosperidade.

BUDISMO

Riquezas e honras adquiridas por meios ilícitos são para mim como nuvens que passam.

CONFUCIONISMO

A honra é a própria origem da prosperidade.

HINDUÍSMO

O CONHECIMENTO É A BASE DO SUCESSO

Em termos gerais, há dois níveis de conhecimento: o conhecimento exterior, que envolve as informações técnicas sobre objetos ou acontecimentos do mundo, e o conhecimento interior, que envolve o crescimento moral e espiritual. Ambos são necessários para o progresso e desenvolvimento da vida, tanto no plano pessoal como no da sociedade como um todo.

Qualquer grande realização – as invenções, o sucesso empresarial, as obras de arte, literatura ou música – começa como um pensamento silencioso na mente de alguém. Para transformar essas idéias em realidades concretas, é necessário o conhecimento técnico. Um dos maiores legados de uma geração para a seguinte é o acúmulo e aperfeiçoamento do conhecimento técnico.

Por trás de todo avanço está a sabedoria coletiva das grandes religiões. Ela se manifesta por meio da compreensão e das ações motivadas pelo amor, a paz, a harmonia e a unidade espiritual, que dão um significado à vida.

Esses valores formam o alicerce sobre o qual as realizações baseadas no conhecimento técnico podem florescer. Até os grandes sucessos materiais significariam pouco em um mundo desprovido de valores espirituais. O crescimento espiritual acontece silenciosamente dentro de cada um, mas o resultado coletivo é a evolução do mundo como um todo.

O conhecimento é a base do sucesso

Mas faça-se tudo decentemente e com ordem.

CRISTIANISMO

O conhecimento coroa o esforço com o sucesso.

BUDISMO

Com sabedoria se edifica a casa e com entendimento ela se estabelece; e pelo conhecimento se encherão os cômodos com toda sorte de riquezas preciosas e deleitáveis.

JUDAÍSMO

Homens de mente superior tratam, antes de mais nada, de chegar à origem das coisas; quando são bem-sucedidos, a rota correta se abre para eles.

CONFUCIONISMO

Com o conhecimento, o homem sobe às alturas da bondade e a uma posição nobre, associa-se aos soberanos deste mundo e atinge a perfeição da felicidade no próximo mundo.

ISLAMISMO

A PERSEVERANÇA É A CHAVE DO SUCESSO

Poucas qualidades pessoais são mais importantes para atingir o sucesso do que a perseverança. Isso se aplica tanto à busca do sucesso material quanto ao desenvolvimento da espiritualidade. Muitas tarefas que inicialmente parecem simples tornam-se complexas e difíceis à medida que o projeto se desenvolve. Isso se dá em todos os campos de realizações, inclusive no espiritual. Desde a mais tenra infância, as pessoas devem ser encorajadas a perseguir um objetivo até o fim, por mais difícil ou complexo que ele se mostre. Dessa maneira, é possível obter o máximo do potencial de qualquer atividade.

Esse princípio reforça o valor de estudar os textos sagrados das religiões. Pessoas de todas as raças e culturas têm se debruçado sobre esses grandes textos em busca não apenas de inspiração e orientação espiritual, mas também de sugestões práticas para resolver questões da vida cotidiana. O mundo pode parecer mais complicado hoje do que na época dos grandes mestres espirituais, mas as palavras deles tratam de situações importantes para todos nós.

A perseverança é a chave do sucesso

Como a montanha rochosa, estabelecida sobre base firme, não te deixes abalar pela tempestade, mas resiste no teu lugar e agüenta na posição que assumiste.

BUDISMO

Os planos do diligente conduzem à abundância; mas todo precipitado se lança na penúria.

JUDAÍSMO

Confúcio disse: "Não sejas impaciente nem procures pequenas vantagens. Se fores impaciente, não estarás completo. Se considerares as pequenas vantagens, nunca realizarás grandes coisas."

CONFUCIONISMO

Que os teus passos sejam lentos e firmes, para que não tropeces.

XINTOÍSMO

Não desistas do trabalho: o tesouro que buscas, sem dúvida, virá. Cuidado para não te tornares um escravo do "se", dizendo a ti mesmo: "Se eu tivesse ao menos feito isso ou aquilo..."

ISLAMISMO

As pessoas arruínam sempre projetos que estão a apenas um passo da conclusão.

TAOÍSMO

Criamos nosso próprio destino

Muitos fatores ajudam a determinar nossos acertos e erros. Mas é importante sabermos que temos o livre-arbítrio e que as escolhas que fazemos a cada passo nos tornam responsáveis por tudo o que nos acontece.

Nos momentos de escolha, precisamos privilegiar a sabedoria e a calma para não tomarmos decisões precipitadas. Algo que parece sedutor e irresistível, se considerado em profundidade, pode revelar-se prejudicial e até mesmo destrutivo para o nosso destino.

Para alcançar o que desejamos, convém estudar e entender os ensinamentos das grandes religiões. Eles são guias infalíveis, pois seus conselhos refletem toda a sabedoria acumulada pela humanidade. Nos momentos cruciais de nossa vida, como seria precioso ter um Jesus, um Buda ou um Confúcio para consultar! Mas a sabedoria desses grandes mestres se encontra a nosso dispor nos textos sagrados das grandes religiões.

Criamos nosso próprio destino

Ele retribuirá a cada um segundo as suas obras.

CRISTIANISMO

Os puros e os impuros erguem-se e caem por seus próprios atos.

BUDISMO

A Ti também, Senhor, pertence a benignidade; pois retribuis a cada um segundo a sua obra.

JUDAÍSMO

A calamidade e a felicidade são sempre obras dos próprios homens.

CONFUCIONISMO

Todo infortúnio que se abate sobre alguém
É o resultado das suas próprias ações.
Quem fizer o bem, ainda que este tenha o peso de um átomo,
Há de recebê-lo de volta.

ISLAMISMO

Todo mundo colhe o fruto das próprias ações.

HINDUÍSMO

O AMOR PELAS BOAS AÇÕES

Quanto mais espiritualmente conscientes as pessoas se tornam, mais claramente elas compreendem que a satisfação interior depende das boas ações que realizam. A simplicidade e a sinceridade de quem busca o bem dos outros afeta profundamente todos os níveis da existência tanto de quem se beneficia com o que recebe quanto daquele que pratica o bem.

A pessoa que deseja desfrutar os resultados espirituais das boas obras que realizou chegou a um alto nível de compreensão dos princípios compartilhados por todas as religiões. Os textos sagrados transbordam uma sabedoria que nos permite elevar-nos a um estado pleno de satisfação e contentamento. Não importa a religião que a pessoa siga. Todo aquele que busca o bem supremo para os outros encontra a mais completa realização interior.

O amor pelas boas ações

O homem virtuoso se alegra e se regozija ao colher os bons resultados de suas ações.

BUDISMO

Que cada um se alegre continuamente com a verdade, a justiça, as práticas louváveis e a pureza.

HINDUÍSMO

Bem-aventurados os que têm fome e sede de justiça, porque eles serão saciados.

CRISTIANISMO

Melhor do que aquele que sabe o que é certo é aquele que ama o que é certo.

CONFUCIONISMO

Um homem perguntou ao Profeta qual era o sinal capaz de medir a intensidade da sua fé. Ele afirmou: "Se tu tiras prazer do bem que fizeste e te afliges pelo mal que cometeste, és um verdadeiro crente."

ISLAMISMO

Tira teu prazer da lei do Senhor e nela medita de dia e de noite.

JUDAÍSMO

Deus está em nosso coração

O imortal habita no coração de cada pessoa. Essa presença tranqüila está sempre dentro de nós. É a voz silenciosa no centro de nossas almas. É a consciência mais íntima que nos guia e nos apóia nos momentos mais difíceis.

Muitos de nós perdemos contato com esse silêncio interior. O mundo que nos cerca parece detestar o silêncio. Ele nos atordoa com barulho excessivo: as pessoas falam demais e não se preocupam em ouvir as outras, não há espaço para reflexão.

Nesse frenesi incessante, o ruído e a pressa conspiram contra a possibilidade de um contato mais profundo com nosso mundo interior. A gentileza e o respeito são desconsiderados e a vida se torna incômoda e desgastante. O simples silêncio, que é a base da satisfação e da paz, parece distante e até mesmo sem sentido.

Para superar essa situação, encontre um lugar calmo e sente-se. Relaxe o corpo, concentre-se em um foco e medite. Reze, pedindo orientação. Não se apresse. Você irá aos poucos descobrindo que os seus desejos são bastante simples e elementares. Repita esse procedimento com freqüência.

Os complicados problemas do mundo muitas vezes nos fazem pensar que atingir a realização pessoal é algo complexo e difícil. Mas, ao contrário, é algo simples e natural, porque nada é mais íntimo de nós do que Deus.

Deus está em nosso coração

Se mantivermos incorrupto nosso coração, isso é Deus.

XINTOÍSMO

Deus está escondido em cada coração, a luz Dele se encontra em todos os corações.

SIQUISMO

Não sabes que és santuário de Deus e que o Espírito de Deus habita em ti?

CRISTIANISMO

Deus é a luz de todas as luzes e resplandece além de toda a escuridão da nossa ignorância. Ele é ao mesmo tempo conhecimento e objeto do conhecimento. E encontra-se no coração de todos.

HINDUÍSMO

O coração daquele que sabe e por isso crê com toda a convicção é o trono de Deus.

ISLAMISMO

Que Ele possa sempre residir dentro do meu coração,
O Eu Supremo, o Deus Único de todos os deuses.

JAINISMO

O homem põe, Deus dispõe

Durante uma conversa, Madre Teresa comentou que gostava muito das comparações entre as religiões que faço em meu livro. "Essas comparações são valiosas e importantes", disse ela, "porque têm o dom de promover a compreensão e a harmonia entre as pessoas." No fim, acrescentou: "Vou rezar para que esse livro ajude a cumprir a vontade de Deus."

Ela me explicou que com isso queria dizer que Deus tem um propósito especial para cada uma de nossas ações. No entanto, a vontade e o ego das pessoas muitas vezes acabam distorcendo esse propósito. Ela ia rezar para que a mensagem contida em *Unidade* fosse absorvida sem alterações e provocasse as transformações desejadas por Deus.

Suas palavras também indicavam que há mais chance de sucesso quando permitimos que Deus determine o curso dos acontecimentos em qualquer atividade digna. Embora os nossos pensamentos, planos e atividades desempenhem um papel importante no trabalho de Deus para o sucesso dos projetos, é necessário "deixar fluir". Dessa maneira, nossos desejos podem ser apoiados mais completa e eficazmente pela consciência universal do Todo-Poderoso, que se estende para além da nossa limitada compreensão.

O homem põe, Deus dispõe

O esforço é meu, conceder o sucesso é obra de Deus. O homem deve propor, só Deus pode dispor.

ISLAMISMO

Saiba que toda confiança no homem é vã;
Apenas Deus é que outorga.

SIQUISMO

Eu plantei... mas foi Deus que fez crescer.

CRISTIANISMO

Por mais que os homens manipulem os seus esquemas, Deus sabe quem deve perder ou ganhar.

HINDUÍSMO

Deus sabe as coisas de amanhã.

BURUNDI, *sabedoria africana*

O coração do homem propõe o seu caminho, mas o Senhor lhe dirige os passos.

JUDAÍSMO

Os que recorrem à espada

A base de todo pensamento religioso se resume em uma declaração do Bhagavad Gita, um dos principais textos sagrados hindus: "Ao perceber que a Divindade que nele habita é a mesma que habita em todos os seres, o homem não se fere ferindo os outros." Quando essa verdade profunda da existência humana for compreendida e se tornar a base das ações de todos, a vida no mundo será como o Céu na Terra.

Quem fere ou mata outra pessoa não possui essa consciência, e não há trabalho de reabilitação ou punição capaz de restabelecer o comportamento correto – a menos que seja acompanhado do crescimento da compreensão interior.

Os que recorrem à espada

Quem destrói uma vida, segundo as Sagradas Escrituras, age como se tivesse destruído o mundo inteiro; e quem salva uma vida, segundo as Sagradas Escrituras, age como se tivesse salvado o mundo inteiro.

JUDAÍSMO

Aquele que matar uma pessoa... será considerado como se tivesse assassinado toda a humanidade; e aquele que salvar uma vida será considerado como se tivesse salvado toda a humanidade.

ISLAMISMO

Todo aquele que lançar mão da espada pela espada morrerá.

CRISTIANISMO

Todos os homens tremem perante o castigo, e todos temem a morte, porque toda vida é querida; lembra-te de que tu és como eles, e não mates nem causes matança.

BUDISMO

Os seres vivos detestam a dor; portanto, não lhes faça mal nem os mate. Esta é a essência da sabedoria: não matar nada.

JAINISMO

EVITA FAZER O QUE SABES SER ERRADO

Os pais procuram proteger os filhos pequenos para que não se machuquem nem machuquem os outros. Pouco a pouco, a pessoa vai desenvolvendo a consciência do que é certo e errado, e se tornando capaz de tomar decisões maduras. Enquanto não atinge esse estágio, precisa ser orientada por um mestre sábio e experiente.

Quando as pessoas assumem a responsabilidade por elas mesmas, a mais abrangente regra de comportamento é deixar de fazer o que é errado. Esse princípio funciona em todas as situações, e quando seguido torna-se um hábito que nos ajuda a evitar prejuízos para nós mesmos e para os outros, além de nos poupar do sofrimento. Quando ouvimos a nossa consciência e agimos de acordo com o que consideramos certo, os obstáculos são removidos do nosso caminho.

Evita fazer o que sabes ser errado

Não faças nada que pareça errado aos teus próprios olhos.

JUDAÍSMO

Quando algo atormentar a tua consciência, deixa-o de lado.

ISLAMISMO

Sabendo a verdade, deve-se agir de acordo com ela.

JAINISMO

Aquele, pois, que sabe fazer o bem e não o faz comete pecado.

CRISTIANISMO

Se, conhecendo o teu dever e a tua tarefa, deixas passar tanto o dever quanto a tarefa – isso é pecado.

HINDUÍSMO

O homem deve evitar fazer o que o seu senso de justiça lhe aconselha evitar. Essa é a maneira mais simples e direta de proceder corretamente em todas as circunstâncias.

CONFUCIONISMO

Definições de religião

Nos textos sagrados encontra-se a definição de cada religião. Essas referências expressam claramente as práticas, as crenças e o conhecimento que permitem aos seus seguidores construir uma estrutura firme e positiva na vida.

Os textos religiosos de todo o mundo são guias excelentes, pois nos oferecem a possibilidade de "permanecer na companhia de sábios", como se os grandes mestres espirituais ainda estivessem entre nós, compartilhando conosco os seus conselhos.

A religião, nesse sentido, é muito prática. Ela nos faz evoluir até o ponto mais elevado da consciência humana, em que se alcança a Unidade com todas as leis da natureza. Ela nos permite evitar erros, tomar o caminho do crescimento e da realização e responder às perguntas urgentes e cruciais que sempre surgem.

Definições de religião

Em que consiste a religião? Consiste em produzir o mínimo dano possível, fazer o bem em abundância, praticar o amor, a compaixão, a veracidade e a pureza em todos os setores da vida.

BUDISMO

Pois toda a lei se cumpre em uma só palavra: amarás o teu próximo como a ti mesmo.

CRISTIANISMO

A verdadeira religião é amar, como Deus ama todas as coisas, sejam elas grandes ou pequenas.

HINDUÍSMO

Ser a causa da cura para quem está doente; conforto para quem sofre; água para quem tem sede; alimento para quem tem fome; luz para cada lampião; um arauto para quem anseia pelo Reino de Deus.

BAHAÍSMO

Piedade nos infortúnios e alegria no bem-estar dos outros; auxílio aos carentes; salvação para os que estão em perigo; e compaixão por teus adversários, como se estivesses no lugar deles.

TAOÍSMO

Quais são as ações mais brilhantes? Alegrar o coração de um ser humano, alimentar o faminto, ajudar o aflito, aliviar o sofrimento do triste e eliminar a mágoa dos injustiçados.

ISLAMISMO

Todas as religiões são inspiradas por Deus

Os textos sagrados de quase todas as religiões proclamam que o fundador de cada religião foi diretamente inspirado por Deus. Os antigos sábios védicos – Manu, Vyasa e Shankara, entre outros – têm sido venerados por milhões de hindus como canais diretos de Deus para a humanidade.

Os textos sagrados budistas proclamam Buda como o conhecedor iluminado da realidade suprema. Abraão, Moisés e outros fundadores do judaísmo são apresentados no Antigo Testamento como pessoas que falaram diretamente com Deus. O Novo Testamento afirma que Jesus é o Filho de Deus, pregando, ensinando e agindo como canal de Sua sabedoria infinita. E Maomé, o fundador do islamismo, é adorado há séculos pelos muçulmanos como o Profeta através de quem Alá revelou o Sagrado Alcorão.

Esses mestres sagrados dedicaram a vida a guiar a humanidade para os caminhos do bem. Eles transmitiram mensagens de acordo com as necessidades vitais de seu tempo; mas as verdades essenciais dos seus ensinamentos continuam pertinentes até hoje.

Todas as religiões são inspiradas por Deus

Disse o Senhor a Moisés: "Sobe até mim no monte e espera ali; e dar-te-ei tábuas de pedra e a lei e os mandamentos que tenho escrito, para tua instrução."

JUDAÍSMO

As palavras que Eu vos digo não as digo por mim mesmo: o Pai, que está em Mim, é Ele que faz as obras.

CRISTIANISMO

O Alcorão veio pelos lábios do Profeta,
Mas quem afirma que Deus não o disse falseia.

ISLAMISMO

Eu, Deus, dei esse conhecimento ao gênero humano, era após era.

HINDUÍSMO

Deus me enviou a este mundo com as seguintes ordens:
"Vai e espalha a Minha religião por lá,
E impede o mundo de cometer atos insensatos."

SIQUISMO

A Única Vida de toda a vida vive em mim!
Então a Verdade, Deus, veio e habitou o meu coração,
E tornou-se minha compreensão, meu ouvido, olho, fala.

SUFISMO

DEUS É AMOR

Essa máxima expressa o que a humanidade percebe como a essência de Deus. O amor é a soma de todas as outras concepções que temos da Divindade – magnânima, sábia, compassiva, infinitamente criativa, eterna e extremamente pessoal para cada ser humano.

Em sânscrito, a universalidade de Deus é expressa no termo *Sat-Chit-Ananda*. *Sat* pode ser traduzido como "existência" – indicando que Deus é eterno e infinito. *Chit* quer dizer "inteligente" – expressando os aspectos criativos e oniscientes de Deus. *Ananda* é geralmente traduzido como "júbilo" ou "alegria" – sugerindo que Deus é radiante de felicidade, paz e amor. O aspecto do amor é muito prezado pela humanidade, que o valoriza desde o nascimento até à velhice.

Sentimos que somos todos filhos de Deus, e nos dá segurança pensar que o amor Dele se manifesta até mesmo no menor aspecto da vida humana.

Sábios de todas as gerações afirmam ter extraído a sua sabedoria de uma fonte universal, e que dessa fonte jorram verdade, amor e alegria ilimitados. Quando plenamente compreendida, a crença de que Deus é amor unirá as pessoas em todos os lugares.

Deus é amor

Deus é amor; e quem permanece no amor permanece em Deus, e Deus nele.

CRISTIANISMO

Como brilha o Sol radiante sobre todas as regiões acima, abaixo e através, assim também esse único e glorioso Deus de amor protege e guia todas as criaturas.

BUDISMO

O Supremo ama e nutre todas as coisas.

TAOÍSMO

Tudo o que não é amor não passa de palavras.

BAHAÍSMO

Não faz diferença qual é o nome de Deus, já que o amor é o verdadeiro Deus de todo o mundo.

APACHE, *povo indígena da América do Norte*

Sensatos e insanos, todos buscam, perdidos de amor,
Por Ele em mesquitas, templos, igrejas e semelhantes.
Pois só Deus é o Deus Uno do Amor,
E o Amor conclama todos esses, cada um,
À sua casa.

SUFISMO

O HOMEM É FEITO À IMAGEM DE DEUS

O que querem dizer os textos sagrados quando afirmam que "o homem é feito à imagem de Deus"? Talvez que o homem tenha sido criado com uma complexidade e um poder infinitos. Ou que, entre todas as criaturas, tem livre-arbítrio para escolher seus caminhos na vida. Somos capazes tanto de nos elevar para alcançar os pensamentos mais refinados dos anjos como de nos degradar ao nível dos animais irracionais.

Talvez, acima de tudo, essa máxima indique que temos a capacidade de testemunhar e avaliar objetivamente nossas próprias ações. Podemos julgar o que nós fizemos. Podemos administrar a justiça. Podemos aprender, mudar e crescer. Podemos ensinar os nossos filhos e registrar os nossos melhores pensamentos e intenções em textos que influenciarão futuras gerações. Essas são atividades divinas, quando comparadas com as capacidades de todos os outros seres.

Deus deu ao homem todo o necessário para refletir a Sua própria natureza – inteligência, criatividade e uma excepcional autoconsciência. Quando usamos essas qualidades para entender e orientar nossas ações, tendo como parâmetro as verdades comuns a todas as religiões, podemos começar a apreciar a Divindade dentro de nós e a conduzir nossa vida de modo a irradiar essa compreensão aos que nos rodeiam.

O homem é feito à imagem de Deus

Deus criou o homem à sua imagem; à imagem de Deus o criou.

JUDAÍSMO

O homem foi moldado à própria natureza de Deus.

ISLAMISMO

Ó homem, à imagem de Deus ele é.

SIQUISMO

O Supremo dá ao homem a Sua expressão e lhe dá a Sua forma.

TAOÍSMO

Não sabes que és santuário de Deus e que o Espírito de Deus habita em ti?

CRISTIANISMO

Eu te criei, gravei em ti a Minha imagem e revelei a ti a Minha beleza.

BAHAÍSMO

Viver em Unidade

É interessante notar que os locais sagrados do cristianismo, do judaísmo e do islamismo se situam na mesma região. Da mesma maneira, muitos dos locais sagrados das religiões hindus e islâmicas estão na Índia e em outras nações. As disputas pela posse dessas áreas levaram a alguns dos mais trágicos conflitos da História.

Os locais sagrados e os lugares de peregrinação representam as origens de cada religião e direcionam os pensamentos aos mais elevados ideais espirituais. Esses lugares estão impregnados, desde tempos imemoriais, da energia espiritual de seres santificados e são venerados como áreas consagradas por Deus. Será abençoado o dia em que as disputas forem solucionadas e em que a santidade desses locais puder ser compartilhada por todos.

Como converter em amor séculos de ódio? Existe apenas um caminho: valorizar a unidade intrínseca a todos os seres humanos e basear todas as nossas relações nessa verdade eterna.

Somos todos inseparavelmente ligados e o nosso destino estará sempre entrelaçado. Aos poucos, aprendemos que a nossa felicidade depende da felicidade dos outros – das nações, das culturas e das religiões, tal como acontece entre os membros de uma mesma família. Esse aprendizado não cessará, porque a unidade, por sua própria natureza, é mais forte do que a diversidade.

Viver em Unidade

A alma da Unidade é a alma do homem,
A alma da Simpatia que a tudo inclui,
Da União e da não-separação.

SUFISMO

O bem-estar da humanidade, sua paz e sua segurança são inacessíveis, a menos que e até que a sua unidade esteja firmemente estabelecida.

BAHAÍSMO

Bendito seja o ensino da verdade,
Bendita seja a harmonia da comunidade,
Bendita seja a união dos que vivem em paz.

BUDISMO

Oh! Como é bom e agradável que os irmãos vivam em comunhão!

JUDAÍSMO

Nunca haverá paz entre as nações enquanto não se entender que a verdadeira paz está na alma dos homens.

OGLALA SIOUX, *povo indígena da América do Norte*

Comuns sejam as vossas intenções; comuns sejam os desejos dos vossos corações; comuns sejam os vossos pensamentos, de modo que possa haver a união completa entre vós.

HINDUÍSMO

TODAS AS COISAS CRIADAS PASSAM, SÓ O ESPÍRITO PERMANECE

O tempo desgasta os aspectos superficiais da vida. Só as verdades fundamentais perduram. Ao contemplar as construções antigas e os monumentos construídos há milhares de anos, vemos que as decorações e os ornamentos desapareceram. Até paredes e tetos desmoronaram. Apenas os alicerces e os pilares centrais restaram. De maneira semelhante, membros e extremidades de estátuas antigas muitas vezes caíram, deixando apenas as partes sustentadas por estruturas centrais fortes.

O mesmo se aplica à nossa vida. A constante mudança do mundo exterior vai nos ensinando a buscar e apreciar os valores interiores, mais duradouros e essenciais. Por fim, percebemos que só o nosso espírito permanece intocado pelas mudanças. A natureza íntima do nosso ser permanece firme através de todas as alegrias e dores transitórias.

É no âmago do nosso ser que a vida atinge o Eterno, e é daí que extraímos a nossa verdadeira força.

Todas as coisas criadas passam, só o espírito permanece

O mundo passa... mas aquele que faz a vontade de Deus permanece para sempre.

CRISTIANISMO

Tudo o que você tem passará, mas o que está com Alá é Eterno.

ISLAMISMO

Deus é nosso refúgio e fortaleza, socorro bem presente na angústia. Por isso não temeremos, ainda que a terra seja removida e que as montanhas sejam levadas para o meio do mar.

JUDAÍSMO

No mais profundo habita outra vida, invisível, imutável, diferente da vida dos sentidos. Ela irá perdurar quando todas as coisas criadas tiverem passado.

HINDUÍSMO

Pela sabedoria, autoconsciência e autodomínio, um homem é capaz de criar para si uma ilha que vaga alguma poderá submergir.

BUDISMO

As bênçãos da oração

O óleo que flui rapidamente por um oleoduto estreito inevitavelmente se torna turbulento e agitado. Para diminuir essa turbulência – que pode danificar o oleoduto inteiro – os engenheiros desenvolvem uma tubulação cujo diâmetro se alarga em determinados pontos. Isso permite que o óleo se espalhe, reduzindo a velocidade e fluindo mais uniformemente, de modo que, quando a tubulação se estreita novamente e o óleo se acelera, o líquido corre mais livre e suavemente.

A nossa vida é assim. O frenesi, a tensão, o tumulto e a ansiedade do mundo podem nos desgastar demais se não tivermos momentos de calma interior. Esses momentos nos permitem reajustar a visão, rejuvenescer a alma e revigorar nosso cotidiano.

A oração, em particular, é o nosso elo com a Divindade. Ela nos permite comunicar nossas necessidades e sentimentos diretamente a uma Força Superior que – segundo todas as religiões – ouve tudo o que dizemos e responde aos nossos anseios.

As bênçãos da oração

Quando o mundo vive em estado de desamparo, ele reza fervorosamente. A Verdadeira Unidade ouve e, com a sua bondosa disposição, assegura o consolo.

SIQUISMO

E todas as coisas que pedires na oração, se creres, as receberás.

CRISTIANISMO

E o Senhor diz: "Reza para mim e responderei à tua oração."

ISLAMISMO

Perto está o Senhor de todos os que O invocam, de todos os que O invocam em verdade.

JUDAÍSMO

Deve-se encontrar prazer nas preces a Deus. Se você fizer disso o seu alicerce, o passado não o manchará.

HINDUÍSMO

A oração é da maior importância para apelar à graça divina, e a retidão é uma qualidade fundamental para quem quiser obter a proteção invisível.

XINTOÍSMO

A PAZ QUE EXCEDE TODO ENTENDIMENTO

Santo Tomás de Aquino é autor de diversos dos textos mais iluminados do mundo. Sua grande obra, *Suma teológica*, é um dos pilares da fé católica, muito embora tenha sido escrita há mais de 700 anos.

Quase no fim da vida, tendo deixado de escrever por algum tempo, perguntaram a Santo Tomás se daria prosseguimento à sua obra. Ele respondeu: "Hoje, tudo o que escrevi me parece não valer mais do que simples palha."

Santo Tomás recebeu uma revelação tão profunda e intensamente pessoal que não conseguia expressá-la em palavras. Essa revelação superava tudo o que escrevera sobre a lógica e a razão como meios para entender Deus, e o levara a experimentar uma paz interior e uma alegria além de qualquer entendimento.

Da mesma forma, Jesus permaneceu calado quando Pilatos lhe perguntou: "O que é a Verdade?" Cristo entendia que a paz de Deus não podia ser expressa em palavras. Assim também sábios iluminados do hinduísmo, do siquismo, do sufismo e de outras grandes religiões sentiam dentro de si uma paz que ultrapassava toda a compreensão e possibilidade de expressão.

A nossa ligação com a Divindade está além das palavras e do pensamento. "Guarda o silêncio e saberás que eu sou Deus", diz o Antigo Testamento. Só em comunhão silenciosa podemos verdadeiramente compreender a Divindade. No sentido mais elevado, o contato com a Divindade é um estado de consciência que transcende a compreensão e traz uma paz que não pode ser explicada, apenas vivenciada.

A paz que excede todo entendimento

A paz de Deus, que excede todo entendimento, guardará teu coração e teu pensamento em Cristo Jesus.

CRISTIANISMO

Suas palavras são calmas. Seus atos e pensamentos são calmos. Esse é o estado de tranqüilidade daquele que atingiu o Nirvana pela realização da verdade.

BUDISMO

Aquele que tem alegria interior, que tem satisfação interior, encontrou a Luz interior. Ele se uniu à paz infinita.

HINDUÍSMO

Para eles, será uma Casa de Paz com o seu Senhor: Ele será o Amigo deles, porque praticaram a retidão.

ISLAMISMO

O Senhor te abençoe e te guarde; o Senhor faça resplandecer o rosto Dele sobre ti e tenha misericórdia de ti; o Senhor levante o rosto Dele sobre ti e te dê a paz.

JUDAÍSMO

Aqueles cujo coração encontram-se em um estado sereno irradiam um brilho divino pelo qual conhecem a verdade.

TAOÍSMO

Seja feita a Tua vontade

Os textos sagrados das religiões declaram que cada ser humano é essencialmente uma alma ilimitada e imortal. Cada ser humano é uma expressão da Divindade e todos são capazes de tomar consciência Dela dentro de si.

Por isso, pedir que "Seja feita a Tua vontade" não significa que desejamos que uma força externa todo-poderosa predomine, anulando os nossos desejos "errôneos" ou "malignos". Ao contrário, a essência dessa oração expressa o nosso desejo de que os ideais mais íntimos, mais puros e mais elevados do nosso ser se elevem para inspirar e guiar todos os nossos pensamentos e atos. A prece *Seja feita a Tua vontade* é uma expressão da aspiração mais elevada do pensamento religioso, que revela a vontade de viver e agir em harmonia com o nosso Criador.

Seja feita a Tua vontade

Seja feita a Tua vontade, assim na Terra como no Céu.

CRISTIANISMO

Dissiparam-se as minhas dúvidas, estou decidido pela minha fé; e agora posso dizer: "Agirei segundo a Tua palavra."

HINDUÍSMO

Deleito-me em fazer a Tua vontade, ó Deus meu; sim, a Tua lei está dentro do meu coração.

JUDAÍSMO

É Deus que faz tudo o que é feito.

SIQUISMO

Quem tem uma religião melhor do que aquele que se entregou a Deus?

ISLAMISMO

Sempre te esforça para estar de acordo com a vontade do Céu, pois assim estarás buscando muita felicidade.

CONFUCIONISMO

ORAÇÕES DAS RELIGIÕES

As orações das religiões possuem um tema em comum: a vontade e a necessidade de estabelecer contato com Deus e a esperança de que o Todo-Poderoso mostre o caminho que conduz à liberdade, à saúde, à prosperidade e ao conhecimento. Essas são as coisas que todas as pessoas desejam. Essas aspirações são as metas da vida.

As orações primordiais das religiões pedem orientação para alcançar essas aspirações. A meta comum mostra a Unidade essencial do espírito humano.

Orações das religiões

Pai nosso que estás no Céu, santificado seja o Teu nome, venha a nós o Teu reino, seja feita a Tua vontade, assim na Terra como no Céu. O pão nosso de cada dia nos dá hoje e perdoa-nos as nossas dívidas, assim como nós perdoamos aos nossos devedores; e não nos deixes cair em tentação, mas livra-nos do mal. Porque Teu é o reino, o poder e a glória, para sempre. Amém.

CRISTIANISMO

A ti, Senhor, elevo a minha alma. Deus meu, em ti confio; não seja eu envergonhado: não triunfem sobre mim os meus inimigos... Mostra-me os teus caminhos, Senhor, ensina-me as tuas veredas. Guia-me na tua verdade, e ensina-me: pois tu és o Deus da minha salvação.

JUDAÍSMO

Louvado seja Alá, Senhor de todas as criaturas, o mais misericordioso, o soberano do Dia do Juízo.

Só a Ti adoramos e só a Ti imploramos ajuda!

Guia-nos na senda reta, na senda dos que agraciaste, não na dos abominados, nem na dos extraviados.

ISLAMISMO

Senhor supremo! Do irreal conduz-me à realidade!
Da escuridão leva-me à luz!
Da morte conduz-me à imortalidade!

HINDUÍSMO

Possam todos os que em todos os cantos do mundo sofrem dores no corpo ou na mente obter, graças aos meus méritos, oceanos de prazer e de alegria!

Possam os condenados ao frio receber o calor! Possam os oprimidos pelo calor ser refrescados.

Possam os nus receber roupas, os esfomeados, comida..

Possam todos os doentes livrar-se rapidamente das doenças.

Possa nenhuma criatura ser infeliz, fazer o mal, cair doente. Possam os que se encontram angustiados pelo medo, as crianças, os idosos, os desprotegidos ser abençoados por benefícios celestiais.

E possam todos alcançar o mais rápido possível o estado de Buda!

BUDISMO

Concede-me o benefício de nunca me desviar
Do Caminho Certo do Dever, de nunca temer
Guerrear contra o mal e que eu possa sempre vencer!
Junto as minhas mãos em humilde oração a Ti!
Inclino a minha cabeça em modesta reverência!
Ordena que o Teu Caminho possa ser trilhado por todos!
Dá-me forças para estender isso a todos os homens!

SIQUISMO

AUM! AMĪN! AMĒN! AMÉM!

Cronologia

Textos védicos do hinduísmo (a tradição oral data da antiga Índia)	c. 4500–3000 a.C.
Sabedoria cultural de todos os continentes – África, Europa, Américas do Sul e do Norte, Ásia (as tradições orais datam da pré-história)	c. 4000–3000 a.C.
Krishna, divindade hindu	c. 1500 a.C.
Textos xintoístas (a tradição oral data do Japão pré-histórico)	c. 1500 a.C.
Judaísmo	c. 1300 a.C.
Moisés	c. 1300 a.C.
Rei Salomão	c. 970 a.C.
Lao-Tsé, principal fundador do taoísmo	c. 604–515 a.C.
Mahavira, principal fundador do jainismo	599–527 a.C.
Buda	c. 573–483 a.C.
Confúcio	551–479 a.C.
Sócrates	c. 470–399 a.C.
Platão	429–348 a.C.
Mêncius, colaborador chinês do confucionismo	c. 370–290 a.C.
Jesus	5 a.C.–30 d.C.
Paulo	366 d.C.
Códice Sinaítico, a mais antiga versão da Bíblia em grego	c. 350 d.C.
Maomé	570–632 d.C.
Sufismo	c. 800 d.C.
Guru Nanak, fundador do siquismo	1469–1538 d.C.
Bahá'u'lláh, fundador do bahaísmo	1817–1892 d.C.

Fontes de consulta e leitura recomendada

A maioria dos livros a seguir contém excelentes estudos das grandes religiões do mundo, assim como traduções completas ou parciais dos seus livros sagrados para a língua inglesa. Com exceção da Bíblia Sagrada e do Sagrado Alcorão, apenas algumas dessas obras são encontradas em livrarias – embora muitas estejam disponíveis nas suas respectivas instituições religiosas e na internet.

Comparando-se traduções de passagens específicas feitas por pessoas diferentes, podem ser encontradas grandes variações. Em alguns casos, a redação do texto é tão diversa que é difícil reconhecer a passagem, mesmo quando se conhece a localização exata do texto no livro sagrado.

Os enunciados transcritos em *Unidade* foram escolhidos com base no que considerei mais próximo da redação e do estilo peculiar de cada citação. Esses trechos captam a intenção original dos textos sagrados e expressam tanto a letra quanto o espírito das máximas citadas.

Al-Suhrawdy, Allama Sir Abdullah. *The Wisdom of the East Series: The Sayings Of Mohammed*. Londres: John Murray, 1941.

Bíblia Sagrada. Versão King James.

Bíblia Sagrada. Versão tradicional revista.

Champion, Selwyn Gurney; Short, Dorothy. *Readings from World Religions*. Boston: The Beacon Press, 1951.

Cowell, E. B. *Jatakas*. Londres: Cambridge University Press, 1895.

Dhammika, Ven S. *The Edicts of King Ashoka*. Buddhist Publication Society, 1993. DhamaNet Edition, 1994.

Das, Bhagavan. *The Essential Unity of All Religions*. Wheaton, Illinois: Theosophical Press, 1939.

Gaer, Joseph. *The Wisdom of the Living Religions*. Nova York: Dodd, Mead & Company, 1956.

Ganguli, Kisari Mohan. *The Mahabharata*, v. 1-12. Nova Délhi, Índia: Munshiram Manoharlal Publishers Pvt. Ltd., 1970.

Gleanings from the Writings of Bahá'ulláh. Trad. Shoghi Effendi. 2. ed. rev. Wilmette, Illinois: Bahá'í Publishing Trust, 1976.

Hume, E. H. *Treasure-House of the Living Religions*. Nova York, Londres: Charles Scribner's Sons, 1933.

Johnson, Francis. *Hitopadesa: The Book of Wholesome Counsel*. Rev. Lionel D. Barnett, Londres: Chapman and Hall, 1923.

The Koran (Qur'an). Trad. George Sale. Filadélfia: J. B. Lippincott & Co., 1864.

Legge, James, D.D., L.L.D. *The Life and Works of Mencius*. Londres: Trübner and Co., 1875.

Macauliffe, Max Arthur. *The Sikh Religion: Its Gurus, Sacred Writings and Authors*, vols. 1-6. Mumbai, Índia: Oxford University Press, 1963.

Mbiti, John S. *Introduction to African Religion*. Oxford: Heinemann Educational Publishers, 1991.

Old, W. G. *Shu King*. Nova York: Theosophical Publishing Society, London & Benares, 1904.

Oriental Literature: The Literature of China (incluindo os Analectos de Confúcio). Ed. rev. Nova York: Colonial Press, 1900.

The Sacred Books of China: The Texts of Taoism. Trad. James Legge, D.D., L.L.D. Londres: Oxford University Press, 1891.

Sacred Books of the East (incluindo os Hinos Védicos e o Dhammapada do budismo). Ed. rev. Nova York: P. F. Collier & Sons, 1900.

Sacred Books of the East: Laws of Manu. Trad. George Bahler. Oxford: Clarendon Press, 1886.

Sacred Books of the East. The Upanishads. Trad. F. Max Müller. Oxford: Clarendon Press, 1879.

Zona, Guy A. *The Soul Would Have No Rainbow If the Eyes Had No Tears, and Other Native American Proverbs*. Nova York: Touchstone, 1994.

Sobre o autor

Jeffrey Moses graduou-se na UCLA (Universidade da Califórnia em Los Angeles) e é mestre em filosofia da educação pela Universidade do Colorado em Boulder. Passou mais de vinte anos pesquisando os mais importantes textos sagrados do mundo e atualmente viaja pelos Estados Unidos fazendo palestras sobre meditação, redução do estresse e evolução espiritual. Jeffrey vive com a mulher, a artista plástica Ruth Moses, em Emerald Coast, no noroeste da Flórida.

INFORMAÇÕES SOBRE OS PRÓXIMOS LANÇAMENTOS

Para receber informações sobre os lançamentos da EDITORA SEXTANTE, basta enviar um e-mail para atendimento@esextante.com.br ou cadastrar-se diretamente no site www.sextante.com.br

Para saber mais sobre nossos títulos e autores, e enviar seus comentários sobre este livro, visite o nosso site: www.sextante.com.br

EDITORA SEXTANTE
Rua Voluntários da Pátria, 45 / 1.404 – Botafogo
Rio de Janeiro – RJ – 22270-000 – Brasil
Telefone: (21) 2286-9944 – Fax: (21) 2286-9244
E-mail: atendimento@esextante.com.br